|中国人文标识|
|第三辑|

胡同

皇城根儿下的老北京

达 雅 | 著

图书在版编目（ＣＩＰ）数据

　　胡同：皇城根儿下的老北京 / 达雅著. -- 北京：五洲传播出版社，2025.1. --（中国人文标识）．
ISBN 978-7-5085-5288-0
　　Ⅰ．K921-49
　　中国国家版本馆CIP数据核字第2024GC7637号

作　　者：达　雅
图　　片：图虫创意/AdobeStock　达　雅　视觉中国
封面图片：Jimmy X
地图绘制：刘凤玖
出 版 人：关　宏
责任编辑：李佼佼
装帧设计：青芒时代　张伯阳

胡同：皇城根儿下的老北京
出版发行：五洲传播出版社
地　　址：北京市海淀区北三环中路31号生产力大楼B座6层
邮　　编：100088
电　　话：010-82005927，82007837
网　　址：www.cicc.org.cn，www.thatsbook.com
印　　刷：北京市房山腾龙印刷厂
版　　次：2025年1月第1版第1次印刷
开　　本：710mm×1000mm　1/16
印　　张：17
字　　数：200千
定　　价：68.00元

序

胡同，七百年的时光回望

儿时，我住在火药局胡同13号，四合院虽小但却整齐不杂乱，院里院外青砖墁地，春夏时节院中花草盛艳、石榴橙红，青瓷大水缸里的金鱼游来游去，甚为欢悦；冬季时厨房里的白烟、檐下的冰柱、房顶的积雪和窗台上红彤彤的冻柿子映着瓦蓝的天空，尤为悦目。小院总是一尘不染，就连秋季一层层落叶飘入院中，也很快被勤快的邻居打扫干净了。

内院四户人家，院门处有回廊，回廊处还有一座厢房，是另外一户人家。由院门口向东再向北穿过一条只可容纳一人通行的狭窄胡同，便是地安门、南锣鼓巷和什刹海。买副食，就近会去东板桥的副食商店，远些就去后门桥的地安门副食商店。每年冬季，副食商店的主力产品是冬储大白菜，煤站蜂窝煤摞得老高，一车又一车，满街的平板三轮川流不息地驶过。胡同口的柏油路是东西走向，冬日柳树、老槐树和杨树光秃秃的枝丫在刺眼的阳光下，形成摇曳的黑灰光影投射在路旁的灰色墙壁上，煞是好看。这条路，叫作北河沿路；东路口便是皇城根。西路口有一座小教堂，隔路相望便是东不压桥。

后来胡同改造，住户全部搬离，北河沿路旁元时所修的玉河河道被疏通，向西北连接东不压桥的河道一并治理成为公园，后门桥下的镇水兽也得以恢复原貌,我才知道这些胡同和地名的历史可回溯到七百多年前。火药局胡同,本是明朝紫禁城的军火库;皇城根儿是明清时期皇城的外城城墙;玉河则是元朝所建京杭大运河的水系分支,东板桥、后门桥无疑都是运河上的古桥梁。这一带改变很大:明皇城的一段残墙被挖掘出来,原址改为遗址公园;南锣鼓巷早已是时髦的商业步行街;什刹海是胡同游的必经之地;地安门大街北端的钟鼓楼成了陈列馆,楼前的广场是广场舞的天地。儿时的我浅薄无知,错失了很多历史上闪光且厚重的风景,而今回望这熟悉而陌生的一切,这里的每一块砖、每一片瓦,竟是如此的不平凡。

我们这些现代的居民仿佛是历史事件的闯入者,与塞外燕国、幽州、元大都以及明清两代的人们在此隔空相交。那些在元明两朝漕运发达时来往什刹海与鼓楼地区的南北商贩、异域商人,曾在胡同居住的历史人物,如纳兰性德、恭亲王、婉容、文绣、张自忠、张之洞、宋庆龄、郭沫若……我们与他们在同一片土地生活,看过同样的天空与老树,这应算是最高级的文化体验吧。

诚然,火药局胡同是京城的一处弹丸之地,但毋庸置疑的是,它是极具胡同特色的人文代表与历史缩影。由此向东是东四、朝阳门,向南是王府井、大栅栏,向西是西四、白塔寺,向北是德胜门、安定门和高梁桥,随便进入一处胡同,都会寻觅到不同朝代、不同时期的人物故事。在七百多年的历史浮沉之中,胡同不仅是明清两朝皇亲国戚、重臣富甲、文人名士的府邸宅院的所在,也是集市买卖、酒楼食肆、勾栏曲院的诞生地,更是北京市现存古建中最主要的居民居住地,即便时光荏苒、物是人非,它依然以顽强的不变之姿成就了今日京城古意盎然的盛世繁华,成为北京城历史文化发展的见证者、承载者与传承者。它的一切都与北京乃至中国的荣辱兴衰、社稷民生相关。

由此，去胡同寻古，不应只关注它的建筑格局、四合院的制式、雕刻的精美，也应去探寻它内在的人文情怀，以及那些被淹没在历史事件之中、曾经跌宕起伏波澜壮阔的不同人生。

1 郭守敬纪念馆	22 北大红楼
2 宋庆龄故居	23 中国美术馆
3 拈花寺	24 三联书店
4 竹园宾馆	25 隆福大厦
5 银锭桥	26 恒昌瑞记
6 梅兰芳纪念馆	27 车郡王府建筑遗存
7 恭王府	28 人民艺术剧院
8 郭沫若纪念馆	29 老舍故居
9 后门桥	30 吉祥大戏院
10 齐白石故居纪念馆	31 中华圣经会旧址
11 中央戏剧学院	32 史家胡同博物馆
12 僧王府	33 智化寺
13 雍和宫	34 皇史宬
14 柏林寺	35 老舍茶馆
15 北京鲁迅博物馆	36 北京坊
16 帝王庙	37 白云观
17 广济寺	38 纪晓岚故居
18 嵩祝寺及智珠寺	39 北京湖广会馆
19 京师大学堂建筑遗存	40 绍兴会馆
20 77文化创意产业园	41 法源寺
21 北京大学地质馆旧址	

目 录

序　　　　　　　　　　　　　　　　　　　　03

第一章　北京城的前世今生　　　　　　　001

PART 01 · 建胡同的皇帝与大臣　　　　　003
PART 02 · 郭守敬设计的城市水利工程　　009
PART 03 · 中轴线上的文化遗产　　　　　014
PART 04 · 旗人与汉人的内外之别　　　　019

第二章　自古胡同知多少　　　　　　　　025

PART 01 · 人人都离不开的水井　　　　　027
PART 02 · 胡同的名字　　　　　　　　　031
PART 03 · 胡同的度量与符号　　　　　　044
PART 04 · 四合院里庭院深深　　　　　　048

第三章　皇城外的皇家事　　　　　　　　053

PART 01 · 胡同深处的皇家敕建寺观　　　055
PART 02 · 朱门王府的豪宅大院　　　　　067
PART 03 · 胡同里的皇城办事处　　　　　074

第四章　流年里的古风与琳琅文化　　081

PART 01 · 琉璃厂里的古玩雅客　　083

PART 02 · 天桥，记忆里的乐园　　087

PART 03 · 大栅栏的百年老买卖　　092

PART 04 · 王府井的京华烟云　　098

PART 05 · 东四灯市的不夜天　　104

PART 06 · 鼓楼的报时与街市　　110

第五章　文人墨客的故居年华　　117

PART 01 · 什刹海的旧居与文学的故里　　119

PART 02 · 沙滩后街，京师大学堂与文化的革新　　125

PART 03 · 老舍故居，被写进故事中的小院　　132

PART 04 · 史家胡同，往日故事与历史光阴　　135

PART 05 · 鲁迅故居，漂泊人生的四处住所　　142

PART 06 · 梅兰芳故居，缀玉轩里的粉墨人生　　148

PART 07 · 纪晓岚故居，紫藤花下的阅微草堂　　155

PART 08 · 城南会馆，残砖旧瓦间的琐事　　158

第六章　胡同角落里的老城旧味　　　169

PART 01 · 吉祥戏院,金鱼胡同的锣鼓声　　　171

PART 02 · 京味的人艺,胡同里的经典舞台　　　175

PART 03 · 湖广会馆,戏曲博物馆的经年　　　178

PART 04 · 智化寺,藏身闹市中的工尺谱与藻井雕梁　　　182

PART 05 · 老舍茶馆,旧日里的街巷生活　　　188

PART 06 · 护国寺小吃,庙会的记忆与传承　　　191

第七章　老巷设新色,砖瓦添远梦　　　197

PART 01 · 南锣鼓巷,七百年进程与国际化　　　199

PART 02 · 斜市街与什刹海,银锭桥的不夜天　　　208

PART 03 · 老劝业场的新设计,正阳门前的国货之光　　　214

PART 04 · 杨梅竹斜街,文艺范儿与烟火气　　　217

PART 05 · 西打磨厂,沧桑老宅与时尚的交锋　　　221

PART 06 · 鲜鱼口,老字号的复兴与混搭　　　227

PART 07 · 草厂与芦草园,京城水乡的复兴　　　231

PART 08 · 隆福寺,艺术与书香的新老交替　　　237

PART 09 · 五道营和方家胡同,城市中的浪漫假期　　　243

PART 10 · 白塔寺周边,创新设计与原住生活　　　251

第一章

北京城的前世今生

与北京人息息相关的胡同是怎么来的呢?是谁设计的呢?让我们打开时光之门,穿梭到七百年前的元朝,看看忽必烈、刘秉忠、也黑迭儿丁建设的北京城。这个时期还有一位中国伟大的科学家郭守敬,他设计了北京城迄今为止都在使用的水系,"胡同"一词就此在历史的教科书上出现;明朝时确立了北京中轴线,在接下来的朝代中,人们以此为轴建设了城门、城墙、街市、四合院,把北京建成为世界上最美的城市之一;而胡同,在这七百年时光更迭之中,成为北京市民们最主要的居住地。

胡同　皇城根儿下的老北京

PART 01
建胡同的皇帝与大臣

北京今天的格局与七百年前北方兴起的一支蒙古游牧部落有很大的关系。公元1215年，这支部落的首领只凭借着一支骑兵就突破南口天险，成功占领金朝的中都城，他就是草原英雄成吉思汗。公元1234年，经过与蒙古大军最后一场惨烈的战役，金朝彻底灭亡。

公元1260年，忽必烈称汗。相隔十一年后，公元1271年，被蒙古铁骑所打败的金中都百废待兴，残留着战争的痕迹。但这一切忽必烈并未在意，他发布《建国号诏》，取《易经》"大哉乾元"之义，定国号为"大元"，帝国的首都正是金中都的所在地——幽州燕京。

忽必烈定都北京

成吉思汗并没有想要到汉地建立都城的意愿，然而到了忽必烈这一代，蒙古的局势发生了很大的转变。严格来说，忽必烈是在汉人的教育下长大的，他是成吉思汗幼子拖雷的第二个儿子，他的母亲一直受汉文化的

※ 元上都遗址航拍图

影响，在忽必烈小的时候就请汉族的名士大儒到漠北去给他上课。忽必烈长到二十多岁时，身边便已结交了很多汉人学者，这其中便有燕京大庆寿寺的住持海云禅师。公元1238年，海云禅师携弟子子聪前往漠北谒见忽必烈。因受其赏识，子聪后来一直陪伴在忽必烈左右，他就是元朝知名的贤臣刘秉忠。

元朝的第一个都城是位于草原腹地的开平府（今内蒙古自治区锡林郭勒盟正蓝旗境内），1260年，忽必烈在这里召开忽里台大会，登上大汗之位。彼时，刘秉忠对地理地势考量后力劝忽必烈保留开平府，同时南下定都燕京。1263年，忽必烈正式诏令开平府为上都，同年迁都燕京，在金中都旁边修建元大都。《续〈资治通鉴〉》中记载："景定四年（1264年）春正月，蒙古刘秉忠请定都于燕，蒙古主从之。"历史上记载的刘秉忠是一位非常博学的人，他深入研究《易经》及北宋邵雍的《皇极经世书》，天文、地理、律历、占卜没有他不精通的。刘秉忠任职中书省，为最初的元朝呕心

× 元大都遗址公园中出土的花纹石刻

沥血、尽职尽责,忽必烈经常采纳他的意见,尤其是在建都一事上,几乎对刘秉忠言听计从。因此刘秉忠可以说是北京城最早的"建筑规划师",设计了元大都的十一座城门,亲自勘察、选址,确定了大都正南门——丽正门的位置,并以通过丽正门的一条南北直线作为全城的中轴线展开了城市建设。建城时经常遇到一些汉族与蒙古族在生活理念上的冲突,忽必烈每次都虚心听取汉族大臣的意见。因此,元大都所呈现的样貌并未与中原历代都城相去甚远,在城市规划中尽显蒙汉文化的交融。

以《周礼·考工记》为蓝本设计的大都城

"胡同"是元大都规划中的一项,估计最开始忽必烈也没有想到,他所创造的胡同后来成为北京最迷人的风景之一。"胡同"这两个字原本是

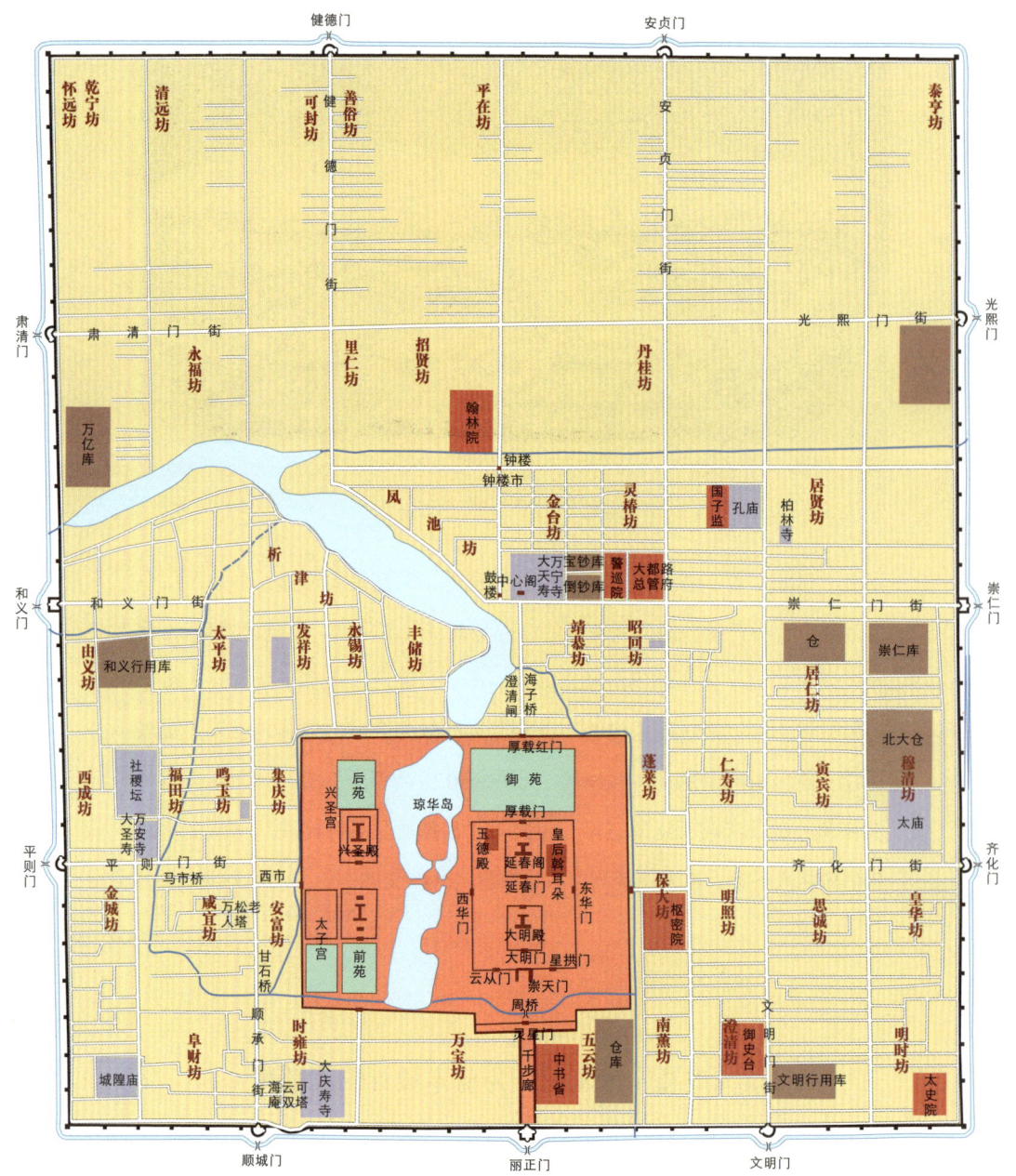

元大都地图

蒙古语的音译，元末的学者熊梦祥在《析津志》里有"巷通本方言"的记载。"析津"即北京地区历史上的旧称，就是古代蓟、燕所在的地方，所辖十多个县，燕京是其中的一个中心辖区。金朝灭掉大辽时，把燕京改称为中都，"析津府"这个名字也随之废弃。公元1266年，忽必烈和刘秉忠经过实地考察后，以当时中都的西苑离宫琼华岛（今日北海公园）为中心开始建设大都，按照《周礼·考工记》中宫城的设计规划原则，建立了"状如棋盘"的元大都。这个都城的设计非常宏大，也很美好：一个正方形的大城，四面共有十一个城门，门内道路有沿经纬线交错的街巷，皇城的正北方是老百姓的市场，太庙在城东的齐化门内，社稷坛在城西的平则门内，正如《周礼·考工记·匠人》中所记："左祖右社，面朝后市。"这项浩大的工程建设持续了将近10年！直到1276年，大都城才有了基本的样子，外城墙的周长是28.6公里，在今天北土城一带还能看到元城墙的遗址。

大都城的街道也是按照《周礼》建设的，城内南北走向的街道称为"经"，东西走向的街道称为"纬"。"经""纬"交织，大都城内被分成了五十块地，分别以"坊"来命名，坊里设纵横交错的小街巷，巷子里依次建院坐落成排。院落四合围绕，房屋间间相连。每排院落之间要采光、通风，留出进出通道，"胡同"由此形成。

1274年，大都城市的总设计师刘秉忠病故，之后，大都的建设又持续了两年才完成。建成后的元大都整洁美丽，意大利马可·波罗在《马可·波罗行纪》中对其记载："街道甚直，此端可见彼端，盖其布置，使此门可由街道远望彼门也。各大街两旁，皆有种种商店屋舍。全城中划地为方形，划线整齐，建筑房舍……每方足以建筑大屋，连同庭院园圃而有余……方地周围皆是美丽道路，行人由斯往来。全城地面规划有如棋盘，其美善之极，未可言宣。"城市中的居民安置也有一系列规定，1276年，忽必烈颁布了入住大都城的政策，以前在中都生活的居民都可以到大都城安家，官员可按照职位的高低来分配土地，以"八亩一分"为单位构建胡同。这些人在大都城内安家落户，成为胡同的第一批居民。

元大都对胡同、小街、大街有明确的规定，《析津志》里有记载："大街二十四步阔，小街十二步阔，三百八十四火巷，二十九衖通。"1步的宽度为5尺，约为1.54米。衖通就是胡同，宽为6步，当时有记载的只有29条。至此，胡同第一次正式在北京这块土地上登场了。

蒙语演变而来的"胡同"

衖通，现在普遍认为是蒙古语"水井"的意思。但有学者考证说，元代的时候，蒙古中的"井"念作"忽都""古都黑"，与"胡同"的读音不一样。也有一种说法认为，蒙古语把城镇称为"浩特"，后来"浩特"演化为"火弄"或"弄通"。还有人认为，"胡同"一词是元朝时政治口号"胡人大统"的简化版。无论哪种说法，都可以证明"胡同"一词是来自蒙古语。

元朝人非常喜欢杂剧，杂剧与散曲并称"元曲"。元曲中有很多戏词不止一次地提到"胡同"，比如关汉卿的《关大王独赴单刀会》中就有"直杀一个血胡同"；李好古的《沙门岛张生煮海》中有一句："你去兀那羊角市头砖塔胡同总铺门前来寻我。"可见，元朝时"胡同"已是一个通用名词。

PART 02
郭守敬设计的城市水利工程

"元大都"的蒙古语为"Khanbaliq",音译为"汗八里"或"汗八里克",汉语的意思是"大都之外",直到明朝,蒙古人还是这样称呼北京,可见很多蒙古人并未将北京城视为自己的家园。忽必烈之所以选择北京建都,其实和水源有很大的关系。负责设计北京水系的,是中国历史上一位伟大的科学家——郭守敬。

伟大的城市规划设计师

忽必烈之所以并未在金中都的基础上兴建大都,有两个原因:一是蒙古军队攻陷金中都后,燕京被废弃了很长一段时间,城内的宫殿大都被拆毁或者被大火所焚烧;但更重要的一点是,金中都只有一处水源——莲花河水系。

忽必烈是一位思想意识非常超前的皇帝,他把"水"在城市乃至一个国家里所起到的作用提到了空前重要的位置,整个都城的中轴线都傍水而建,皇宫也是傍"海"而建。金朝人在建中都时,改造了一些水系,但无法满足大都庞大人口的用水。因此元朝以后,水源转用高粱河水系,也就是金朝时的白莲潭,且被大都皇城北部的城墙分成为两个部分:北侧是积水潭,南侧是太液池。当时,元朝的宫廷使用地表水,而普通百姓使用地下水,这些繁杂的水系开发、设计乃至后期开渠引水,都是郭守敬亲自监督、一手操办的。

郭守敬(1231—1316年),元朝最伟大的科学家,历任元朝都水监、工部郎中、太史令等,他的祖父郭荣是金元时期一位通晓天文历算和水利的学者。郭守敬由祖父抚养长大,先后追随刘秉忠和元朝宰相张文谦学习水利和历算,但他的造诣却远远超过了自己的老师们。他的《授时历》计算出每年有365.2425天,和近代测量结果只差25.92秒,比西方还早300年;他设计开凿的一系列水利河道,至今仍在使用。

✕ 元代水系积水潭已建为古色古香的公园。

从山区的白浮泉到城东的通惠河

众所周知,北京自建城以来一直都面临着缺水的问题,元朝南迁之后,大量的人口不断涌入北京,粮食成了一个问题。粮食从哪里来?毫无疑问,还是依赖南方产粮区。如何将粮食从南方运来,就成了一个亟待解决的问题,郭守敬巧妙地解决了这个问题。

郭守敬在设计和规划北京水系的时候,针对元大都的四种用水情况,分别设计了不同的方式来解决:居民饮用水主要依靠井水;宫苑用水由西郊引山泉,经水渠导入太液池,称为金水;城濠用水由西郊引泉水供给;漕渠用水就来自大都到通州的运粮河——通惠河。

当时京城附近水量最大的水源是浑河,也就是今天的永定河。早在金朝时,人们就曾试过开凿金口河,引永定河水至中都护城河,均以失败告

✕ 位于昌平区龙山山顶的白浮泉遗址九龙池

终。永定河的河水常年携带着大量的泥沙，河道经常被泥沙淤堵，非常容易造成洪水泛滥。为了寻找更合适的水源，郭守敬带着手下仔细地勘察了北京周围的众多水源和河流之后，将昌平东龙泉山下白浮泉水汇流之后引到瓮山泊（瓮山泊后来被清乾隆皇帝扩建成了颐和园中的昆明湖）中。瓮山泊是一个中转水库，水从瓮山泊出来绕道西北方向又流入高梁河，如此一来，高梁河就变成了一条大河。河水再经西直门进到元大都，抵达今天的积水潭，以达到增容的作用，这样水系就可以流动起来了。

至元二十九年（1292年）春，水利方案开始实施，水由什刹海万宁桥向东南流通，汇入金朝遗留下来的河道，顺着这条河道流到了通州。《元史·河渠志》记载："南汇为积水潭，东南出文明门(今崇文门)，东至通州高丽庄入白河。"忽必烈亲自赐通州的这条漕运河道名"通惠河"，这个名字一直沿用到今天。为实现漕运的通畅，元朝在1342年又重开金口河，引永定河水自大都城南入通惠河。

京杭大运河的终点与六个人工海

后门桥建于元世祖至元二十二年（1285年），当时名为万宁桥。这座桥横跨在什刹海的玉河入口处，成为什刹海的一处命脉。它位于地安门之北、鼓楼之南。北京人称正阳门为前门，地安门为后门，万宁桥因此也被叫作后门桥。如今主河道已经被填平，桥面的栏板依然存在，由后门桥向西走不远，就到了什刹海银锭桥。京杭大运河与元大都城内的水系贯通后，元朝的漕运开始一发不可收，满载货物的南方船只沿京杭大运河北上,经过通惠河后,便可进入到元大都内的积水潭,而后门桥就是积水潭的关口,桥头设有闸口,管理严格。船只从桥下经过后,到达积水潭码头,也就进京了。从万宁桥到鼓楼、积水潭一带,一时间商肆画舫云集,每日人来人往、摩肩接踵,南来北往的曲调不绝于耳。当时的船只多到什么程度?《元史·郭守敬传》中用"舳舻蔽天"来描述当年的盛况。

为了预防暴雨冲垮整个城市,郭守敬在城里挖了六个内湖用于泄洪:西海、后海、前海、北海、中海和南海,其中西海、后海、前海统称为什刹海,北海、中海、南海称为太液池,这六个人工湖与积水潭之间彼此相连,再大的雨水都可以经这六个内湖注入运河。湖光山色的昆明湖、江南风格的什刹海以及至今依然可以行走船只的通惠河,给这个北方城市增添了一份水乡风韵和神采,养育了七百年来世代居住在此的北京人。

郭守敬这一生几乎都在勘探地形和整理河运,基本没有判断失误的情况。他白天勘探,晚上观察星象,直到85岁,在自己工作了一辈子的太史院辞别了人世。

✕ 2000年万宁桥疏浚,桥下挖掘出镇水神兽——趴蝮。

PART 03
中轴线上的文化遗产

明洪武元年（1368年），明军攻陷元大都，朱元璋取"北方安宁平定"之意，将元大都更名为"北平"。公元1403年，明朝的燕王朱棣称帝，将都城从南京应天府北迁，"北平"改称为"北京"，这个名字比"胡同"晚出现了一百多年。自明朝开始，紫禁城、皇城、大城，层层向外延展有序而建，北京城的建设以一条无形的中轴线左右对称布局展开，这条线北起钟鼓楼，南至前门楼，后又延伸到永定门，纵贯京城南北，长达7.8公里。2012年，北京中轴线被列入《中国世界文化遗产预备名单》，2024年，它作为中国理想都城秩序的杰作被列入世界遗产名录。

朱棣新建的皇城

根据已故的古建筑保护学家单士元老先生的考证，元朝的皇宫在明永乐十三年到十四年（1415—1416年）之间被朱棣以"以杀王气"的理由拆除。永乐十五年（1417年），紫禁城的建设就全面开工了。单士元先生在故宫博物院供职74年，对故宫里的一砖一瓦都如数家珍，他对明朝皇宫的建设做过详细的描述："当时参与施工的各工种技师，有人估计为10万，辅助工为100万，亦无各工同时并举、流水作业之可能。故宫上万间木结构房屋所用木材共有若干立方米……原来从深山伐下的荒料大树，经过人工大锯，去其表皮成为圆木，或再由圆木变成方材，柱、梁、檩、枋均刻榫卯，尺七方砖、城砖等均要砍磨。今日维修古建工具已新异，每日一人亦只能砍磨成10块，从数万到数千万治砖过程，亦非短时间能完成。"

朱棣以自己曾经居住过的燕王府为基础兴建皇宫，燕王府的西侧是太液池，西移已无空间，因此，新宫殿的中轴线只能向东推移了1000多米，同时，南部城墙向南扩展了500多米，这样一来，当时北京城的中心点便成了景山，为皇城提供了一个靠山依水的凭证。

公元1420年，新的皇城全部完工，明成祖朱棣正式迁都北京。133年之后，明世宗嘉靖皇帝又开始增筑外城，由于他痴迷道教，增加了很多礼制和宗教作用的建筑，其中有些重要建筑在今天北京二环一带城墙遗址处仍然可以看到。北京城的形状也因此被改变，从之前四平八稳的"口"字形，变成了"凸"字形，面积为62平方公里。

✕ 景山由建紫禁城护城河所挖出的泥土堆积而成，是全城的制高点，中轴线自此而过。

北极星与紫禁城

中轴线对于明朝的皇帝们到底意味着什么呢？这和当时的天文学有着很大关系。三国时期，魏国的张揖撰写了一本叫作《广雅·释天》的书，书中记载："天宫谓之紫宫。"紫宫就是大名鼎鼎的北斗星。古代的天文学家认为紫微星（即北极星）的位置是在中天，即地球地轴的北端，好像位置永远都不会变动一样，所以古代的天文学家们推测紫微星所在的地方就是天帝的居所，一来二去，紫微星就被称为"紫宫"。皇帝自称为天子，意味着天人合一，皇宫的中轴线就好比皇帝所拥有的独一无二的权力，只有皇帝本人才能走在这条御路上，其他人一概不可以。

嘉靖皇帝便把皇城改称为紫禁城，意思就是皇帝和天帝的住所相同，如同"紫宫"。

街巷与三十六坊

虽然重建了皇宫，包括朱棣在内的整个明朝的皇帝，对城市并没有进行大动干戈的重修，而是在保留元大都城市建设的基础上，将北京城进行了重新划分，分为内城的二十八坊和外城的八坊，这三十六坊又被分成五个大区，由东、西、南（外城）、北、中等五城管辖。坊里边的生活单元，依然是胡同。

清朝著名作家、戏曲理论家吴长元根据《日下旧闻考》编著了一本记录北京历史变迁和胡同名人故居的书籍，叫作《宸垣识略》。书中这样描绘明朝的北京城："皇城在京城中，周十八里有奇……正南曰大清门，少北曰长安左门,少南曰长安右门,东曰东安门,西曰西安门,正北曰地安门。"皇城的"东安门"和"西安门"之外各有三坊,"东安门"外的三坊为保大坊、仁寿坊、明照坊;"西安门"外的三坊为积庆坊、安福坊、小时雍坊。坊指居民住宅区,市指商品交换的场所。这种坊市制度,盛唐时期就很流行,但宋朝因商品经济高速发展,街市制度将其取而代之,坊的行政区划作用大不如前,但仍是人们划分居住范围与城市社区的一个单位,坊的名称便被延续下来。到了今天,明朝三十六坊只剩下一个白纸坊。顾名思义,彼时北京所有的造纸作坊全部都星罗棋布地聚集在白纸坊,可谓京城一景。白纸坊内一直供奉着造纸术的先驱蔡伦,后来蔡伦庙被改成了白纸坊商场,再后来就成了天外天烤鸭店。

明朝嘉靖年间有一位锦衣卫指挥使,叫作张爵,是湖北人。他退休之

✕ 鼓楼前沿中轴线分布的胡同

后回老家写了一本记录当时京城坊与胡同的书,这就是对后人研究明朝京城格局极具意义的《京师五城坊巷胡同集》,完成于1560年。在这本书里,根据《京师五城坊巷胡同集》的记载,皇城位于城市正中,占据了整个内城一半的面积,居住在东、西两城的普通老百姓想要跨城到另外一侧,需要从城市南部或北部绕行。比如从西城到东城,要么往南绕到江米巷(也就是今天的东、西交民巷)走大明门前的棋盘街,要么就往北绕到地安门外边。在明朝,只有马车、轿子或者步行这些方式,因此可想而知,没有马匹的百姓跨越中轴线、往返东西城是需要花费很长时间的。

当时的北京在东、西两城还有两条与中轴线平行的主要道路,东边的一条南起外城的蒜市口大街往北,穿过崇文门,直达北城城墙根的集贤街;西边的一条南起菜市口大街,穿过宣武门,直到北城墙根前的新开道街(即今天的新街口北大街)。围绕着这两条街道的两侧都是东西两座内城的各大胡同,可见当时的胡同基本是沿着中轴线排列的。根据《京师五城坊巷胡同集》记载,这个时期北京的胡同有街巷711条、胡同459条,共为1170条。

PART 04
旗人与汉人的内外之别

满人入关之后,北京城整个的格局并没有特别大的改变,八旗军与汉人分住在内外城,在内城共设立九个城门。内外城之间是星罗棋布的胡同和四合院,高墙深宅处往往是皇亲国戚、王侯将相的豪华府邸,朴素的青砖灰瓦下是寻常百姓人家的悲欢离合。这些地名与建筑,如今依然可以在北京的地图上或者街头巷尾找寻到。

内城外城的人口大搬迁

清朝时按照城门来说,内城共设九门,正南为正阳门(即前门),其东侧是崇文门,其西侧是宣武门;东南是朝阳门,其北侧为东直门;西南为阜成门,其北侧为西直门;东北为安定门,西北为德胜门。外城的范围在东便门、广渠门、左安门、永定门、右安门、广安门和西便门之间。北京城至今依然保留着这些地名,这些老城门或拆除,或保留,或修复,均是这座城市无声的历史记录。最开始入驻北京城的时候,旗人和民人(未入八旗的为民籍，称为民人）混居在一起。久而久之，不同民族以及军民混居导致的问题越来越大，顺治皇帝就要求以前住在内城的民人全部搬到外城去。由此，京城被分为了内、外两城。

面对这样一项浩大繁重的搬迁工程，在顺治五年（1648年）的八月，清政府颁布了一项皇帝的谕旨，其中涉及搬迁对象、房屋处置、搬迁时间以及政府金钱补贴数额，文字虽短，但内容清晰且颇具人情味："其原房或拆去另盖，或贸卖取价，各从其便……朕重念迁徙累民，着户、工二部详查房屋间数，每间给银四两。令各亲身赴户部衙门当堂领取……凡应迁徙之人，先给赏劳银两，听其徐为搬移，限以来年终搬尽。"

在顺治六年（1649年）的年底，内城的民人全部搬到了外城去，而旗人则全部都留居在了内城。

戒备森严的内城八旗营

民人搬走之后，八旗军与随军家属等居住的内城又被划分为八个区域，八旗的旗人按照自己所在的旗安家，最靠近皇城的是八旗满洲，其次是八旗蒙古，最外层为八旗汉军。在顺治时期，内城其实更像一个军营，皇帝直接调度正黄、镶黄、正白三旗，这三旗成为皇宫的侍卫，保护紫禁城的安全；镶白、正红、镶红、正蓝、镶蓝五旗由诸王、贝勒统领，担任防守内城及附近的任务。《八旗通志初集》中记载："镶黄旗……满洲官兵，自鼓楼向东循大街至经厂，为头甲喇十七佐领之处。"除了每个旗的士兵之外，无论内城和外城，在每个城门还设有很多兵营。但是相对来说，内城管理更为严格,比如禁止在内城开设任何娱乐场所,一旦起了更,任何人不能在大街上行走,等等。此外,当时还规定旗人不得搬到外城居住,根据一个旗人的家住在哪里,就能知道他是什么旗、担任什么职位。

外城的汉人,白天可以进城,但是晚上就必须出城,不得在内城过夜。久而久之,严格的管理制度就被很多实际存在的问题打破了,因为内城的旗人大多是官员或者是士兵,而旗人家中所需要的各种生活必需品都是由民人提供,每天来来往往的汉人也很难全部在天黑前赶回自己在外城居住的地方,渐渐地,这条关于汉人不能留宿内城的规定就成了空头文件。

✕ 北京城东南角楼,内九城的城角箭楼

北京城的前世今生 ——— 021

华灯市井无处不繁华的外城

在明朝以及清初，北京的外城只有"前三门"一带有人居住，其他地方都非常荒凉，没有人居住，也很少有人来往。随着大批民人的搬入，外城就开始热闹起来了。人们在外城安家置业、建立商铺和进行买卖，慢慢因生活所需形成了很多新的胡同。元朝规定胡同必须宽9.24米，而这些新建胡同大多因地制宜，不如元朝和明朝时建的胡同规范。由此，清朝的胡同总数一下就大幅增加，比如宣武门外，在明朝时几乎没有人住，清朝大搬迁之后一下成了人声鼎沸的地方，"西横街""中横街""东横街"等街道都出现了。

根据清光绪年间的进士、清末著名学者朱一新（1846—1894年）的《京师坊巷志稿》书中所列，当时北京的胡同已有2077条，其中直接称为胡同的约有978条之多。朱一新早年在内阁任中书舍人，三日轮值一次，十日轮值宿一次，所以比较有时间，写出了《京师坊巷志稿》。《京师坊巷志稿》写得非常具体，不仅有每个地方的街巷、胡同名字的由来，对背后的故事和主人也都有很详细的交代。

在整个清朝时期，内城的街道格局仍然沿袭着元明时期的风格，没有多大改变。随着旗人不断修建房屋，很多王公贵族的府邸就在内城出现了，逐渐成了内城的一处处风景。这些王府的位置并没有按照内城各个旗的要求来建造，比如说礼亲王属正红旗，但他的王府却在镶红旗界内；郑亲王属镶蓝旗，王府在镶红旗界内；豫亲王属正蓝旗，王府却在镶白旗界内；等等。到了清朝中期，尤其自乾隆一朝开始，内外城之分的管理逐渐松散，因为外城设立了很多戏院、酒楼、茶馆，商贾云集，娱乐、生活精彩有趣，所以通过走关系、买地等搬到外城居住的旗人也增多了，而不少

✗ 清朝时期的北京地图

汉族大臣也通过皇帝赐宅邸或者租房子的方式，搬到了内城。

  清末之后，北京胡同的格局整体上保留了清朝时期的状态，外城渐渐地被称为南城，而内城基本上是在后来建的二环之内，这些胡同除了被拆除的，相对还是比较整齐地保留了元明两朝时候的城市规划。

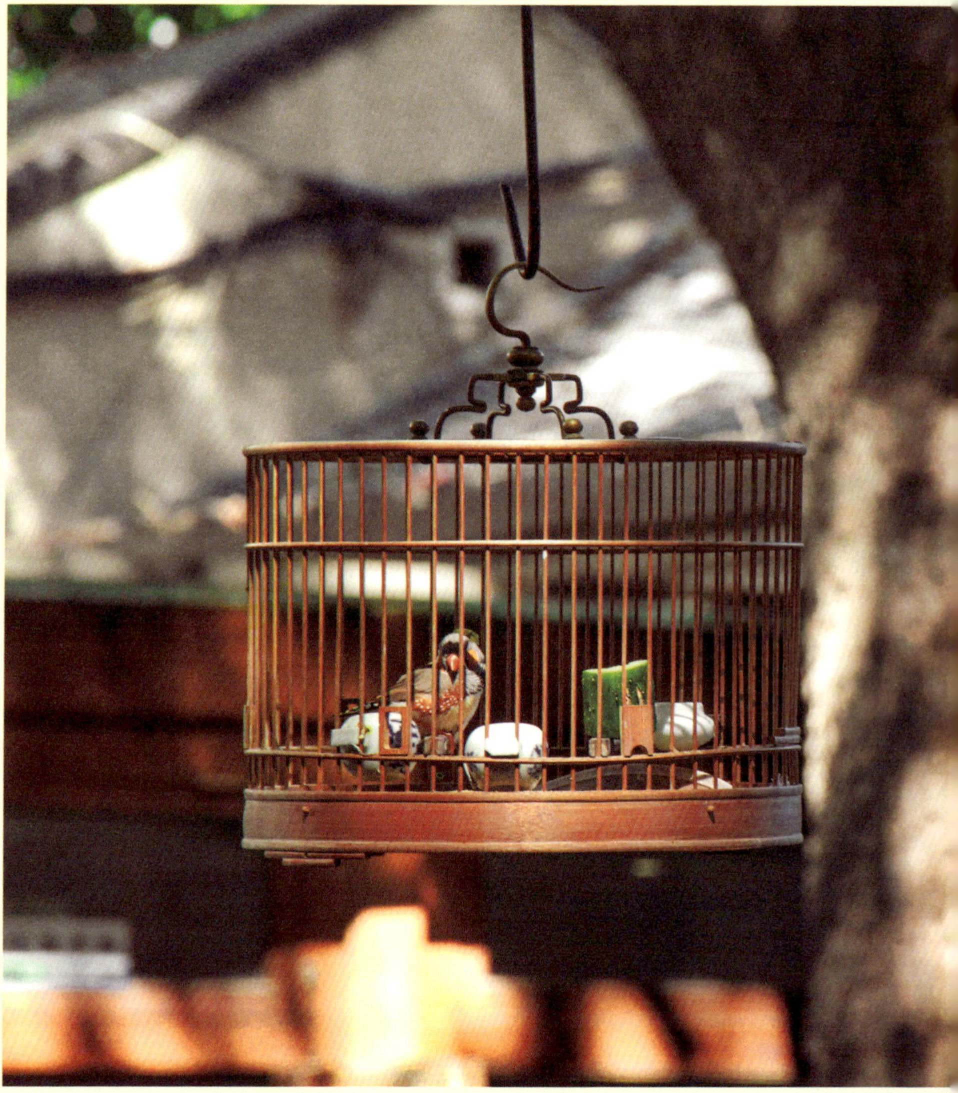

第二章

自古胡同知多少

经过了七百年的历史沉淀，胡同可谓历经沧桑。虽然在每一个朝代都有一些小小的变化，但胡同整体的格局没有改变过。很多胡同多少年来都没有改变过名字、没有改变过出入口，也不错分毫地保留着长短和宽窄，即便是换了住户、变了街区，也依然是那条胡同，在滚滚历史车轮之下，保持着它独有的布局。

胡同　皇城根儿下的老北京

×

PART 01
人人都离不开的水井

从元代建胡同开始,几乎隔几条胡同,就会有一口水井,这和胡同的蒙古语含义(有水井的地方)非常契合。胡同里所建水井的位置,在建胡同之初就纳入规划,或者先挖井后造屋,或者预先留出井的位置再规划院落的布局。无论哪种情况,都是"因井而成巷"。可以说,北京城老百姓的生活起居,乃至这座城市的生死存亡,都离不开水井。

味道苦涩的大小井

元朝郭守敬设计的水系是相互衔接贯穿的河道,居民的日常饮水和用水不可能都到河边去取水,于是,就有了水井以供居民用水。在元朝留下的胡同中,有80多个胡同名都带"井"字,到了清朝,除去这些带"井"字的胡同,当时北京内城有701眼水井、外城557眼井,共计1258口。《京师坊巷志稿》记载清朝东城南小街东侧的几条胡同中,几乎每条胡同都设有井。

✕ 胡同里的下水道

在清朝,水井成为私人所属,叫"水窖"或"水窝子",人们用水得向窖主购买。买水分两种,一是包月,一是零取。零取每担大约半文钱或一文钱,包月则便宜一些。记账有的用"水牌",有的则直接在墙上画道儿,月底结算,称得上是最古老的水表。

那个时候的井水绝大部分是苦的,苦里还带着咸味,不仅难以入口,用它洗澡都非常不舒服。因为水贵,而且水质不好,所以当时的北京人一般都不爱洗澡,更不爱洗衣服。清朝之后,出现了"马神洋井"(machine well 的音译),即轧井机,但因价格昂贵,一般贫穷人家装不起。

最著名的甜水"井"

北京最著名的井就是王府井。《明成祖实录》记载,这里原来被称十王府、王府街。之所以被称为王府井,是因为王府街旁边有一口井,打出来的水异常甘甜,和其他井里苦涩的井水味道不一样,后来"王府井"这个名字就逐渐取代了之前的名字。

在元朝,井还是街道标识。《析津志》中记载:"(钟)楼有八隅四井之号,盖东西南北街道最为宽广"。这就是说,井为街道。因此,在这些名字中,井不仅代表着水井,同时也表示这里是一条大街,相对比较繁华。古代汉语中"市井"一词也有这个含义。

王府井附近还有大甜水井胡同、小甜水井胡同、西水井胡同、沙井胡同等等。

带"井"字的胡同

很早之前,胡同取名不严谨,导致很多胡同的名字被重复使用,比如"井儿胡同"就有好多条,前门外的肉市街二巷、天桥北粉店胡同、天坛半壁街,过去都叫作"井儿胡同"。

崇文门的镜子胡同、南锣鼓巷的景阳胡同、新街口的景尔胡同、东华门的景丰胡同,都是"井儿胡同"的谐音。阜成门内的福绥境胡同之前叫苦水井胡同,金鱼池东巷之前叫牟家井胡同,牛街的天景胡同之前叫大井胡同;西城有龙头井街、井楼胡同、石红井胡同、大铜井胡同、铜井大

× 七眼井胡同

院、水井胡同，宣武有琉璃井胡同、三井胡同、七井胡同、湿井胡同、甘井胡同、金井胡同、姚家井等等。后来为了减少重名，很多带"井"字的胡同或被改名，或被拆掉，现在和"井"相关的胡同越来越少了。

除了以上这些，北京还有很多蒙古语音译的地名，在汉语的发音中并没有井字，但是蒙古语意中和水井相关。比如屎壳郎胡同的意思是"甜水井"，墨河胡同的意思是"有味儿的井"，帽儿胡同的意思是"坏井""破井"，鼓哨胡同的意思是"苦水井"，菊儿胡同（局儿胡同）的意思是"两口井"，碾儿胡同（辇儿胡同）的意思是"细井"。

PART 02
胡同的名字

如果说元朝时期胡同的名字与井有关，到了明朝，由于胡同数量的增加，胡同命名的规律就改变了。明朝的资料显示，当时北京以寺庙为名字的胡同占街巷总数的17.06%，而以井为街巷名字的仅为1.95%。到了清朝，以衙署、官府机构、府邸、仓库、作坊、桥梁、河道、人名、市场、胡同特点等命名的胡同数不胜数。

从无名到有名

最初的胡同名字只靠人们的口口相传，而把名字写成文字标在胡同口，是民国后才实行的管理制度。胡同的名字最开始是老百姓出于生活方便才起的，久而久之就成为这条胡同约定俗成的名字，成了一个地方的地标，以及在整个城市中的定位，具有非常实际和明确的指代作用。

在明朝时，城市的管理比元朝时更严格，管辖北京的是顺天府下的宛平和大兴两个县，从历史资料中可以了解到，当时的这些衙门并没有设立专门的机构来负责统计胡同的命名。张爵所撰写的《京师五城坊巷胡同集》是第一部详细记载北京城胡同的书籍，书中所记载的胡同名字是当时人们习惯的称呼，并不是官方资料。除了张爵所记载的胡同，北京还有很多胡同没有被记载过，有文曰"五城胡同浩繁几千条"。可惜的是，一些胡同在当时连正式的名字都没有，也就没有被收纳到这本书里。

不同时代的更迭与交织

有些胡同的名字和历史上居住在此的人物有关系，取名往往以居住者的官职、府邸或者人名为名，大部分居住者是当时的掌权人物。看似不起眼儿的胡同名字里，隐藏着一个朝代的故事和传奇。

明朝的开国大臣搬到北京居住后，这些大臣们所住的胡同便以他们所住府邸命名。比如徐忠的府邸被称作永康侯府，所以府邸所在的胡同就叫作永康侯胡同，清朝时期由镶黄旗居住，乾隆年间改称永康胡同。这条胡同东起箭厂胡同，西侧到安定门内大街，全长266米。

著名的明初大将军徐达所住的地方叫定府大街，他把女儿嫁给了燕王朱棣，也就是后来的永乐大帝。朱棣造反攻打南京的时候，徐达的儿子增寿为朱棣通风报信，被建文帝所杀，朱棣登基后追封增寿为定国公，因此徐氏一家所住的地方被称为定府大街，也就是今天的定阜街。

永乐帝的另外一位亲信郑和住在护国寺附近，他为人亲和，大家都称呼他为"三保老爹"，他居住的这条胡同就被称作三保老爹胡同，后来渐渐传成了三不老胡同。这个名字一直叫到今天。

✕ 定阜街上的辅仁大学旧址，也是昔日的涛贝勒府。

东城区的府学胡同，连接着文丞相胡同，后者因为关押过南宋的丞相文天祥而得名。文天祥在抗元的战争中写下过"人生自古谁无死，留取丹心照汗青"的诗句，他战败后被押到元朝大都兵马司的土牢里，这个地方就是现在的文丞相胡同。明朝洪武九年（1376年），人们在这里建了文天祥祠来纪念他，清朝时因忌讳汉人对明朝的复辟之心，曾把这条胡同改称为巴儿胡同，后又恢复原名。

东四是东城胡同比较集中的地方，东四十三条在清朝时候被分为两段，西段汪家胡同，是清朝雍正时的尚书、军机大臣汪由敦的住处。这条胡同的11号院，是现代知名诗人艾青的故居。

✕ 文丞相胡同中的文天祥祠

✕ 参政胡同也是一条以人名命名的胡同，日伪汉奸王揖唐在袁世凯的参政院任参政时居住在这里。

名字里的国家机构

在鼓楼东侧,有两条著名的胡同——纱络胡同和宝钞胡同,这两个胡同始建于元朝,"沙络"之前被称作"沙剌",蒙古语是珊瑚的意思,在元朝时期,这一带是金银珠宝的交易市场,后来才被改称为纱络胡同。宝钞胡同南口是元朝时期设立的倒钞司,管理整个国家新旧货币的回收和兑换。明朝时沿袭元朝的旧制度,只是倒钞司变成了倒钞库,老百姓在这里把元朝的货币换为"大明通行宝钞",到了清朝,"倒钞"渐渐被讹传为"宝钞"。

东城区建国门附近的总布胡同也是一条在元朝时就有的胡同。明朝时期由于总捕衙署就设在胡同里,老百姓把这条胡同叫作总捕胡同或者总铺胡同,在清朝宣统时改称为总布胡同,分为东、西两条。20世纪初期的西总布胡同口树立着《辛丑条约》第一条提及的克林德碑,它不仅代表着中国的一段屈辱历史,也提醒着人们不要忘记八国联军侵华的历史。第一次世界大战结束后,这块碑被移到了中山公园,改名为"和平牌坊"。

熟悉鼓楼、交道口一带的人都知道兵马司胡同,这条胡同是明朝兵马司的所在。《明史·职官志》里边写道,兵马司"指挥巡捕盗贼,疏理街道、沟渠及囚犯、火禁之事,凡京城内外,各划境而分领之",可以看出,兵马司就相当于现在的公安局、城管以及消防队的结合体。北城的兵马司在交道口附近,西城也有一个西兵马司胡同,位于丰盛胡同和大院胡同之间。

清顺治年间,八旗旗人入城并且划片居住,这个举措对北京老街巷的影响非常巨大,不仅以前很多单纯的民居改为兵民混居,而且很多街巷胡同的名字也慢慢变了,比如后来出现的南营房胡同、西营房胡同、头牛录

※ 而今处于历史与现代交界处的总布胡同

胡同、二牛录胡同等。牛录是满语，最初是"箭"的意思，后来努尔哈赤把牛录用于八旗士兵的编队，三百人为一牛录。

北京还有一条胡同被误传为擀面杖胡同，其实是案板章胡同。这条胡同在清朝时的名字最准确——昂邦章京胡同。"昂邦章京"是满语，"章京"是清朝军职中的一种头衔，比如"佐领"就是牛录章京，而"昂邦"是大臣、大官的意思。《京师坊巷志稿》中记载："昂邦章京，国语子爵也，俗讹为按班张。"顺治时，昂邦章京为八旗军务的总管，因此当时这条胡同里应该居住着一位清朝的重臣。民国时期，胡同名字被改为"案板章"，人们就误以为这里是卖擀面杖的地方，于是就有了擀面杖胡同的民间误传。

建国门内有几条胡同，分别叫作贡院头条、二条、三条。贡院是明清时期学子们的考场。

民间来往买卖地

很多老胡同也是民间买卖的店铺、作坊所在地,一来二去,这些民间买卖就成了胡同的名字。

"取灯"是古时一种引火之物,用硫黄和木片制成、用火绒或者火镰子打着的灯具。在明代文学家冯梦龙所著的《古今小说》中曾出现过:"忘带个取灯儿去了。"取灯胡同位于前门大栅栏,这条胡同是明代才有的,曾聚集了全北京制造和买卖取灯的商铺。在整个北京,除了南城的取灯胡同,在城北还有大取灯胡同和小取灯胡同。

明朝时期,北京城里还有很多纸马铺子,这些纸马用于祭祀和丧事,于是就有汪纸马胡同、何纸马胡同,现在被改称为汪芝麻胡同和黑芝麻胡同。

位于天桥附近的储子营胡同,明朝时候属正南坊,因当时的散帮厨师聚集在此,被称为厨子营。这些厨师并不受聘于饭庄,只料理京城的红白喜事。后来这条胡同被雅化为储子营胡同。

船板胡同是崇文门附近的一条胡同,旧为水道,和泡子河相通,明朝时属明时坊。在元朝时曾以此河道引出城内雨季六海所泛滥的洪水,明时设立造船厂,遂称此地为船板胡同,清朝属正蓝旗。船板胡同附近的几条胡同,如西镇江胡同、鲜鱼巷、三里河、水道子,都和水相关。鲜鱼口是老北京非常著名的一处闹市,之前运河流经过这一带,形成了一个热闹非凡的鱼市,因此取名"鲜鱼口"。

西单北大街的辟才胡同,最初有个姓张的人家在这里做劈柴生意,慢慢聚集了很多做劈柴生意的人,逐渐形成了劈柴市场。距离劈柴胡同不远的缸瓦市,因为这里曾经是缸瓦和瓷器的市场才有了这个名字。清朝吴长

✕ 储子营胡同内保存完好的一处四合院门楼上的砖雕

元的《宸垣识略》中曾把缸瓦市写作钢瓦市,像这样类似的名字还有骡马市、羊市、猪市、米市、煤市、珠市口等。其中珠市口并不是买卖珠宝的地方,最初的写法是"猪市口",是买卖生猪的市场。

　　新街口北侧的油炸鬼胡同让很多外地人费解。这条胡同始于清朝,当时胡同里有卖油炸鬼的铺子,就以此命名。"油炸鬼"是老北京的一种油炸面食,也有叫作油炸馃子的,到了民国时期,改名为有果胡同,但即便今天,附近的老人还记得油炸鬼胡同这个名字。有着类似名字的胡同还有鼓楼大街和宝钞胡同之间的豆腐池胡同。明朝的时候有一位姓陈的人在这里经营豆腐生意,胡同最初就叫"豆腐陈胡同",清朝时人们把"陈"字讹传为"池"字,就改称为豆腐池胡同了。原崇文区的唐洗泊街,名字也让人摸不着头脑,其实这是源于明朝一位姓唐的人在这里从事洗布帛,也就是现在的洗衣店生意,因此这个胡同就被称为唐洗泊街。盆儿胡同得名于当时住在胡同里的从事烧制瓷盆儿的手艺人。

北京城里还有两个茶食胡同，因为胡同里的茶馆而闻名，一条是位于崇文门的东茶食胡同，另外一条是与方壶斋胡同相邻的西茶食胡同。

以建筑做名字

以建筑为胡同名字的非常多，直到今天，即便建筑不在了，胡同的名字依然在沿用。这些名字起得非常随意，比如胡同附近有戏院，就用戏院当作名字；胡同里有寺庙，就用寺庙当作名字。

宝产胡同之前叫作宝禅寺胡同，因为胡同里有座宝禅寺，宝禅寺的旧址是元朝的大普庆寺，这座寺庙是元朝仁宗皇帝建的大型寺庙之一，明朝成化年间被一位太监买下旧址，建了一座寺庙，请成化帝赐名为宝禅寺。虽然寺庙没有了，但通过胡同的名字还能依稀追溯历史的痕迹。《宸垣识略》对西城区棉花胡同旁边的正觉胡同有详细的记录："正觉寺在发祥坊正觉寺胡同。明成化间，内监韩谅赐宅施舍建寺。"而今，这条胡同和建筑都在，被几个单位混杂使用，寺庙里的佛像早已遗失不见了。类似的胡同非常多，比如观音寺胡同、方居寺胡同、前圆恩寺胡同、后圆恩寺胡同、玉阁胡同(原名玉皇阁)、千福胡同（胡同里以前有一座千佛寺）、净土胡同（因净土寺得名）、华丰胡同（因法通寺得名）、碧峰胡同（因碧峰寺得名）、清秀巷（因清虚观得名）、东冠英胡同(原东观音寺胡同，因观音寺得名)，等等。近些年，随着地名的整顿，一些胡同删除了"寺""庵""阁"

✕ 后圆恩寺胡同，镶黄旗官学旧址

等后缀词，比如原宣武区的抬头巷，之前叫作抬头庵胡同；铁鸟胡同，原来是铁老鹳庙胡同；善果胡同，原名善果寺胡同。

西城区的白云观、法源寺分别是中国道教协会和中国佛教协会的所在地，围绕着这两个地方，形成了白云观街、白云观路，法源寺前后街、法源里等。这些街、里都是胡同的一种名称，而不是真正意义上的大街。

原宣武区的方壶斋胡同在《燕都丛考》中有记载："京师戏馆比年如方壶斋、蓬莱轩、升平轩最著。今诸园皆废，惟方壶斋屡易新名，人尚称为方壶斋，城西仅此一馆，春初尚盛，在永光寺西街。"这座乾隆年间兴建的戏园子，在清末早已破败了，而戏园子的名字还一直被作为胡同名字保留着，只是知道这段历史的人越来越少了。

什刹海的银锭桥是一道优美的风景。这座明代建的桥非常巧妙,桥桩之间用银锭锁固定,桥旁边的胡同被称为银锭桥胡同。

就地取材与吉祥北京话儿

当然,如果这一带没有居住过有名的大人物,也没有知名的建筑,那么胡同的取名就更加随心所欲。人们就地取材,根据胡同的宽窄、地势和形状给胡同命名,如宽街儿胡同、狭道儿胡同、斜街胡同、八道湾胡同、下洼子胡同、小喇嘛胡同、耳朵眼胡同、罗圈胡同、椅子圈胡同等。除了以上这些,民间还会使用一些特殊标志物取名,比如胡同中某一种树多或者某一类花草多,就会把胡同起名为柳树胡同、枣林胡同、椿树胡同、柏树胡同、百花深处胡同、杏花天胡同等。

还有不少胡同是以北京话的儿话音为名,但是在作为胡同名字的时候,"儿"字不是儿话音,而是单独发声,比如鸦儿胡同、鹞儿胡同、上儿胡同、帽儿胡同、菊儿胡同、炭儿胡同、阡儿胡同等。

什刹海是由前海、中海和后海三片不同的水域组成,鸦儿胡同是后海的北沿,清朝时叫沿儿胡同,后来慢慢变成了鸦儿胡同,胡同6号是萧军故居。炭儿胡同在琉璃厂附近,元、明、清三朝琉璃厂的商铺和店家都把冬季要烧的炭存放在这里,因此胡同也就叫作炭儿胡同。珠市口附近的阡儿胡同,名字来自过去插蜡烛的底座,像一种签子,又叫"阡儿"。过去胡同里居住的都是售卖这种用具的手工艺者。前门外的鹞儿胡同,名字和胡同里的故事、人物没有什么关系,但这是一条很有故事的胡同,旧社会老北

× 鸦儿胡同35号毗邻明代古刹广化寺。

京的警备厅一直设立在这里,当时著名的飞侠燕子李三的家也在这里。

如果什么特点都没有,人们也很喜欢用一些象征吉利的名字给胡同命名,比如喜庆胡同、喜鹊胡同、寿比胡同、寿屏胡同、平安胡同、安福胡同、永祥胡同、百顺胡同等。这些名字也有不是随便起的,比如清朝时候就形成的吉市口胡同,因以前胡同口是鸡鸭市场,当时就被命名为鸡市口。根据《宸垣识略》里的记载,这一带也是八旗东城副指挥署和北营外西一守备署的所在地,后来改称为谐音"吉市口胡同"。吉市口胡同旁边有一条千春巷,这条巷子是北京最早的花市所在地。

北京还有一类胡同的名字,几条胡同相连或靠近,名字之间都有相互的关系。比如月牙胡同,旁边的胡同叫作月光胡同;雨儿胡同附近有蓑衣

✕ 东不压桥胡同

胡同；大觉胡同旁边有大乘巷；都是以派生词命名的胡同。

  还有许多胡同，人们为了区分，在名字上加了东南西北、前后这样的方位词，这类胡同更是多得不胜枚举。其中最让人费解的名字是西压桥和东不压桥胡同，这其实在解释皇宫城墙与桥之间的关系。明朝时期什刹海的水被引到这里，由此进入护城河，河上有一座桥，可以用步数测量，叫作"步量桥"。因为当时的皇城没有压在桥的一侧，所以这座桥也被老北京人称作"东不压桥"，这条胡同就叫东不压桥胡同，也就是东板桥胡同。在北海北门与什刹海前海之间，也有一座类似的石桥，明朝扩建皇城时，皇城的北墙压在桥上，故称西压桥。

PART 03
胡同的度量与符号

关于胡同，似乎有一些约定俗成的东西，如果不追根问底的话，这些俗成就成了一种默认，比如，胡同的序号词为什么是"条"，为什么有些胡同长、有些胡同短，为什么很少有斜街，等等。其实，胡同的一切都有历史痕迹，让我们带着探求之心，如同去询问一位老友的出身，再了解一下关于胡同的符号与元素吧。

最长的胡同与最短的胡同

清朝时期，北京城最大的变化是将旗人和汉人进行内外城的划分，这个时期的人口与城市扩张，使得整个北京城比明朝时大了一倍。清朝并没有对外城再进行严格的居住划分，所以新迁到外城的居民所建的院落和胡同打破了元明两朝的规矩和规划，这样一来，不仅形成了长短不一的胡同，还形成了很多不同形状的胡同。

新建的胡同中，有很多非常短小，但是再短都没有短过"一尺大街",这条胡同虽然被命名为大街,却是一条不折不扣的短胡同,它短到只有30米。清末进士陈宗蕃在1931年所著的《燕都丛考》中写道:"自杨梅竹斜街而西曰一尺大街,又西曰琉璃厂。"现在这条胡同已经被并入了杨梅竹斜街。

北京最长的胡同是前门东侧的东交民巷,胡同全长1552米。这条胡同不仅记载了北京沉重的历史,也记载了中国一次次划时代的变迁史。

关于最窄的胡同,有两条胡同被人们所关注,一条就是原宣武区永安路上的小喇叭胡同,另一条是大栅栏东口北侧的钱市胡同。清朝朱一新在《京师坊巷志稿》中用"明开夜合胡同"来形容小喇叭胡同的幽深,这条狭窄的胡同长92米,最宽的地方60厘米,窄的地方只有30厘米,仅能容纳一个瘦人通过,一百多斤的人都过不去,有些角落常年见不到阳光。钱市胡同长55米,胡同被两侧的房屋夹起来,幽暗得像是"一线天",最宽的地方70厘米,最窄的地方40厘米。别看它如此狭窄,却是清朝时期的金融街,当时清朝的官办银行大通银号、万丰银号就在这条胡同里。钱市胡同还是一条死胡同,据说是因为当年曾发生过针对银行的盗劫事件,为了防患于未然,所以就改成了死胡同。

北京90%以上的胡同是直的,不拐弯,但也有特例,前门外大街西珠市口的九湾胡同,因为有九个拐弯而得名。除了九个直角拐弯,还有四个其他角度的拐弯,走一趟下来,就像转迷宫一样,现在胡同的一头已经被封死,无法穿行而过。

✕ 九湾胡同而今已经成为一条死胡同。

"条"不仅仅是序号词

从东西北大街开始,整整齐齐依次排列着东四头条到十四条,这十四条胡同,都以数字为名字,以"条"为序号词。像这样以"条"命名的胡同,宣武门附近有草场头条到十条、棉花头条到九条,西四有西四头条至八条,朝阳门有南营头条至八条,前门东侧还有台基厂头条到三条。这么多以"条"作为基数单位的胡同,不是近些年的名字,而是从明朝就已经确定的名字。在明代张爵所著的《京师五城坊巷胡同集》中,已有"某几条胡同"的记载了。

明朝时期的北京城,整个城市比元朝扩大了很多,为了便于区分以及记忆,也尽量避免重名,那个时候就开始采取街道名称用数字进行"序列化",比如东四头条到十条,就是明朝保留下来的胡同,十一条到十四条则是后来增加的。

到了清康熙年间,因旗人与兵营在内城驻扎,就使用"条"来作为八旗兵驻扎之地的名字。比如当时镶蓝旗的兵营驻扎在今天宣武门附近的槐柏树街附近,这条街上的南面胡同就叫槐柏树街南头条至十一条,北侧的就叫槐柏树街北头条至十条。

× 东四三条到东四八条是众所周知的以序数词"条"为单位的胡同。

因河而成的斜街

北京人自小习惯了横平竖直的街道,老北京人还会对斜街进行讽刺,说"出门奔斜街,不走正路",那么北京是不是就没有斜街了呢?并不是这样,清朝时外城的街道本来就不是整齐规划出来的,尤其在正阳门外以前有很多河道,居民沿着河道盖房子,河道枯竭后有些被填平了改建为胡同,这样就出现了斜街,这些斜街虽然被冠以街的名字,但其实是不折不扣的胡同。

这些斜街有什刹海的烟袋斜街,大栅栏的杨梅竹斜街、樱桃斜街、铁树斜街,西单以北的东西斜街,地安门的白米斜街以及安定门外的外馆斜街。

PART 04
四合院里庭院深深

　　四合院是胡同中的主要建筑。胡同两侧是一座座方方正正的四合院，一代又一代的北京人居住其中，它们见证着北京城的变迁，蕴含着北京人的精神气质。夏季的四合院是北京人童年最美好的记忆。清晨的胡同飘着晨雾，花朵上打了露珠，不一会儿就消失得无影无踪；四合院里的人们各自忙碌着，伴随着街巷里炸油条的香味，开始了一天的生

✕ 北京胡同里的人间烟火

活；到了傍晚，老人在青砖地上洒了水，压了压暑热，也散了尘土，电风扇在屋子里吹着，悬挂在房门口的竹帘子透出夕阳的光，像碎金一样。四合院的人们习惯了这样的景色，更习惯了朝夕相处的左邻右舍，虽然没有血缘关系，但有一起长大的情分。

北京前门外的四合院大都比较杂乱，而以故宫为轴心所辐射的胡同区域内，依然保存着四合院的神韵与精髓，是北京人最美好的生活图画。

四面为房的院子

四合院，顾名思义，就是四面都盖上房子，围中心成院，在院子一面开一间门房做院门，形成一组"口"字形的建筑。两进的院子，就是

✕ 俯瞰四合院

× 影壁在四合院中有着多重功能。

"日"字形。事实上，四合院并不是元朝的产物，远在三千年前的西周时期就出现了四合院。北京现存的四合院基本是明朝时承袭元朝的制式建造的，之后整体建筑形式就再没有改变过。

大多数四合院的布局都是院门开在东南角，这是八卦的"巽"位，是风水很好的位置。后来北京的四合院因为各种原因被改建，有的在西边开门，有的在东边开门，但无论在哪边开门，讲究一点的院子都会有一面影壁或一堵墙作为回廊。这样既可以给住在院子里的人提供隐私，又可以应风水学遮挡煞气，另外还有一个作用——阻挡扬尘。

考究的青灰色与多种建造

　　四合院的规模可大可小,一进的小四合院房间少,院子也小,而两进、三进或者带跨院的四合院面积庞大,布局也颇为讲究。从制式上来说,许多王府和寺庙是按照四合院的布局进行设计和建造的,以中轴线贯穿,讲究左右对称。正房是坐北朝南的北房,正房旁边加盖耳房,东西两个方向的房屋为厢房,南房门向北开,称作"倒座房"。前院和后院还有垂花门隔,转角处有游廊,青砖墁了整个院子,甬道单独铺设,每个屋子前都设有台阶,整个院子的地基高于街道。院子大门有门洞、门楼,院门设有高大的门槛、门墩、青石或青砖台阶,大门外通常还有上马石和拴马桩,有的还设一块"泰山石敢当"。

　　即便格局制式不同,北京传统的四合院一律以青砖灰瓦为主色调,砖木结合建造,檐前装滴水,屋顶为硬山或悬山顶,以筒瓦或合瓦做屋面,在屋脊各处做装饰。

　　房子是按辈分居住的,老人会住在阳光好的北房,晚辈住在耳房或者东西厢房,而南房基本都会被用来当书房、客厅,厨房有时也设在东西厢房,对此,电视剧《四世同堂》里有比较好的还原。

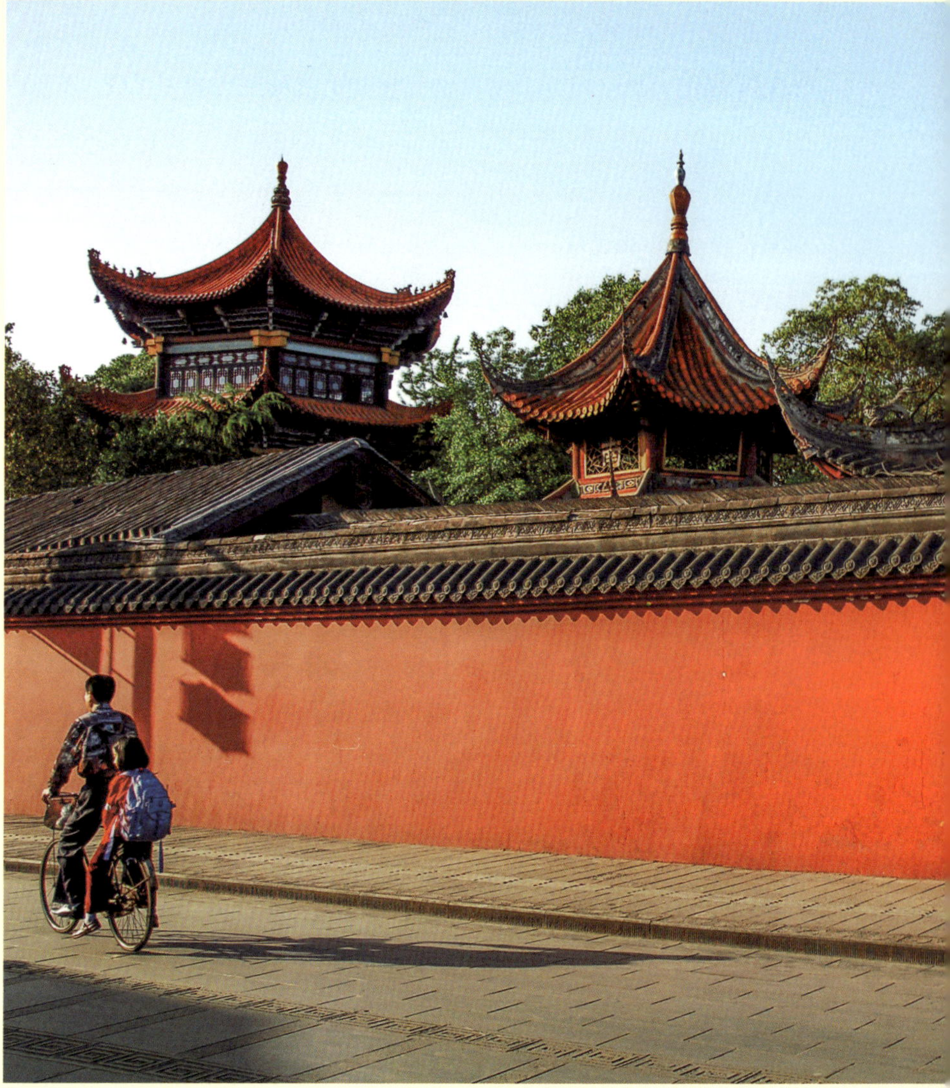

第三章

皇城外的皇家事

沿着故宫外墙走一圈,就能体会到一种混合着皇家气派与市井烟火的北京味道。永远看不厌的角楼下,骑自行车遛鸟的人们穿行而过,杨柳枝下波光粼粼,老人们的京味谈笑,河畔吊嗓子的戏迷,在高大的红砖碧瓦的衬托下,成为一种符号式的风景。由此信步而行,穿梭在紫禁城周边的胡同里,那些藏在胡同深处的花园、王府,明清两朝皇宫设立在胡同里的各种仓库,都给这些胡同增加了独一无二的神韵。

胡同　皇城根儿下的老北京

PART 01
胡同深处的皇家敕建寺观

在整个北京城，有很多明清两代皇帝敕建的建筑，其中寺庙和道观居多。这些建筑大都深藏在胡同之中，有的依然还在使用，而有的早已改换门庭，空留了一个地名或者残破的门楣，让人浮想联翩。

灵济宫与灵境胡同

明朝永乐十五年（1417年），明成祖朱棣因为过度劳累大病了一场，大臣们请遍了天下名医为朱棣看病，但是朱棣的病始终毫无起色。这时候有个叫曾辰孙的道士出现了。大臣们请他扶乩问神开药方，没想到歪打正着，用药后不久朱棣就痊愈了。朱棣十分感激，应了曾辰孙的请求，修建了灵济宫，供奉曾辰孙大力推荐的"二徐真君"徐知谔、徐知证。自此之后灵济宫成为明朝皇家按时遣官致祭的寺庙之一，每年的朔月、正旦、冬至、皇帝生日等节日庆典，皇帝都要派内阁礼部官员及一名太监，代表皇帝到灵济宫致祭；神仙的诞辰，由礼部官员致祭；平时初一、十五由本宫的道士致祭。灵济宫的所在地即今天西单以北的灵境胡同。这在明万历年间居京文人刘侗、于奕正的《帝京景物略》以及明万历年间的《晋安逸志》中均有记载。

在建道观之前，灵境胡同一带是一段东西走向的元皇城旧址，在明朝时被划入皇城范围。灵济宫仅风光了二百多年，崇祯十五年（1642年），有位大臣向崇祯上奏说灵济宫供奉的两位真人是叛乱的臣子，应该将灵济宫封了。崇祯批准了这封奏折，灵济宫自此便开始衰落，不过"灵境"这个地名却一直沿用到了今天。

朝天宫与宫门口胡同

在西四与白塔寺之间，是以宫门口命名的若干条胡同，这些胡同的由来与明宣德皇帝有着密切的关系。宣德八年（1433年），宣德皇帝命人仿南京朝天宫的式样建成一座超大型道观，宫内有三清殿、通明殿以及普济、景治、总制、宝藏、佑圣、靖应、崇真、元昌、元应九殿，东西建有偏殿用以接待皇帝来访。《帝京景物略》中曾引用明宪宗诗曰："禁城西北名朝天，重檐巨栋三千间。"清朝于敏中等在《日下旧闻考》中记载："朝天宫本元代旧址，盛于明嘉靖时……考《名山藏》所纪，其崇奉与大高玄殿相埒。"

朝天宫隶属礼部，是道箓司所在地，负责管理全国道观。此外，朝天宫还兼具着礼仪演习场所，即便皇帝不来朝天宫，大臣们也要来此演习礼仪。《帝京景物略》中记载称："每逢重大朝会，文武百官到朝天宫习仪二日。"

明天启六年（1626年）六月二十日，朝天宫失火，殿宇全部被焚毁，但宫门口依然作为地名保留至今。在宫门口头条、宫门口二条直到宫门口五条胡同之中来回走一次，就可想象出当初朝天宫恢宏的样子。

忽必烈敕建的火神庙

在什刹海的岸边，有一座火德真君庙，这是一座供着火神的道观，俗称火神庙，始建于唐朝贞观六年（632年）。传说元朝至元四年（1267年）忽必烈下令营造大都城，在高梁河（西直门外）里发现了龟蛇的影子。道家认为，龟蛇象征着真武大帝，于是大臣们就纷纷议论说这是真武神降临了，真武神降临到水上，水能胜火，宋朝肯定会灭亡。忽必烈听到这个说法后非常开心，命人在龟蛇出现的地方建了一座道观"大昭应宫"，同时下

✕ 什刹海岸边火德真君庙的冬季雪景

令将什刹海边的真武庙整修、扩建。明万历年间，工部设立在王恭厂（今天西城新文化街）的火药库发生了一场离奇的大爆炸，爆炸半径达750米，范围达2.25平方公里。要知道明朝工部的铅子、火药都是在王恭厂预造的。这次爆炸之后，万历皇帝即严令对真君庙加以修复，并赐琉璃瓦用来压火，还亲题了"隆恩"和"万岁景灵阁"的匾额。清朝光绪皇帝大婚前夕，紫禁城里发生了大火，慈禧还大惊失色地亲自来到这里上香祷告。

现在火德真君庙对外开放，每日门庭若市。真君庙前是什刹海的后门桥——京杭大运河的终点。

悯忠阁上建起来的法源寺

据说法源寺是北京现存历史最悠久的古刹。李敖在《北京法源寺》第一章写道："一千年过去了。一千年的风雪与战乱，高高的悯忠阁已经倒塌了，但是悯忠寺还凄凉地存在着。"公元645年，唐太宗李世民应朝鲜半岛新罗之请出兵征讨高丽，亲率大军于幽州城东南誓师征讨辽东，结果却惨败而归，手下将士们伤亡惨重。他想建悯忠阁以告慰那些将士，但一直未能如愿，直到武则天万岁通天元年（696年）才完工，赐名悯忠寺。

辽时，法源寺成为羁押宋钦宗以及他的嫔妃们的地方，到明时，又被改为崇福寺，清朝雍正时改称法源寺。乾隆四十三年（1778年），法源寺重修，乾隆皇帝钦赐匾额"法海真源"，至今仍悬挂在大雄宝殿之上。

也许因为悯忠阁的存在，静谧安详的法源寺，总会和历史上的血雨腥风扯上些关系：抗清名将袁崇焕被崇祯皇帝凌迟三天处死，他的一位佘姓

✕ 法源寺的大门很少开放，只开放角门。

部下相信他是被冤枉的，便冒险将他的头颅秘密送到法源寺保存；清末戊戌变法失败后，戊戌六君子被杀，京城大侠大刀王五便将谭嗣同等人的尸身偷运至这里停放。

  沿着教子胡同一直走到头，就到了法源寺前街。教子胡同，因为最早胡同里有一个轿子铺而得名，渐渐地讹传为教子胡同。这一带临近牛街，胡同如同迷宫，伴随着煮羊肉的味道就来到了法源寺。朱红色的大门总是紧闭着，而一侧的小角门则长年开着。石板路通向院子的深处，偶然有一两个身穿袈裟的僧人路过，成为安静画面的点缀。

  进入寺院，依次是天王殿、大雄宝殿、观音阁、藏经阁等建筑。寺院中种满丁香花，每到花开时节，丁香盛放，密密匝匝地挂满枝头。每年寺里有丁香诗会，届时紫丁香、白丁香、北京丁香和红丁香一起引领着人们的文思和才情。清朝时候，纪晓岚、黄景仁、龚自珍都经常来法源寺赏丁香花。龚自珍曾写道："偶检丛纸中，得花瓣一包，纸背细书辛幼安'更能

✕ 法源寺内的丁香花盛放是春日京城一大美景。

消几番风雨'一阕,乃是京师悯忠寺海棠花。"再后来,1924年4月26日,民国才女林徽因与著名诗人徐志摩,陪同印度诗人泰戈尔来到法源寺赏丁香花,成就了一段文学史上的佳话。

法源寺也是中国佛学院和中国佛教图书文物馆的所在地。

唐玄宗开创的天长观与《道藏》

白云观地区改造之后,四周不再是灰瓦砖墙了,独处在闹市中有些孤独,围绕着白云观所建的胡同被改称为白云观街,倒是方便导航。对于北京的平民百姓来说，最热闹的是每年正月里的白云观庙会，吃小吃、摸石猴、打金钱眼，这样的乐趣陪伴着一代代北京人成长。雕琢在石门框上的小小石猴，已经泛着青黑的石色，看不清原本的面目。

道观始建于唐朝，名为天长观，是唐玄宗奉祀老子的圣地，唐开元二十七年（739年）建观，金大定七年（1167年）重建后改名太极宫，因贮藏道教稀世珍品《道藏》而闻名。金元时期，道观内藏有《大金玄都宝藏》与《大元玄都道藏》，到了明朝，明成祖诏命四十三代天师张宇初修纂《道藏》，因卷帙浩繁，直到明成祖去世时工作也没完成。后来英宗又让妙道真人邵以正负责督校，并于正统九年（1444年）重新刊刻，英宗敕命分颁各地宫观。正统十年，白云观建"赐经碑"以纪念赐经。《道藏》计为四百八十函，五千五百零三卷，藏于三清阁。

✕ 白云观内房屋众多，大多是清代风格。

白云观现存的建筑，大多是在清代重修的。穿过山门，是灵官殿、玉皇殿、老律堂(七真殿)，再往后是邱祖殿、四御殿、三清阁等。

白云观宝物无数，元代著名书法家赵孟頫行书《老子道德经》、唐代的老子石雕坐像等举世闻名。在元朝时，白云观是一代名士长春真人丘处机掌管的道观。丘处机被金庸写进小说中，事实上，历史上确有此人。丘处机是道教全真派的始祖，山东登州栖霞人，自号长春子，元世祖曾赐他大宗师的爵位，执掌天下道教。

雍亲王府改建的雍和宫

雍和宫本是雍正皇帝即位前作为亲王时的潜龙府邸，雍正即位后，将王府的一半改为行宫，另一半赐给喇嘛章嘉呼图克图，作为藏传佛教格鲁派在北京的上院。1744年，乾隆皇帝将此地改为格鲁派寺庙，雍和宫遂成为格鲁派在北京最大的寺庙。

雍和宫的金碧辉煌令这一带的灰色胡同彰显出与众不同的气派，其东侧是藏经楼胡同，南侧是戏楼胡同，延伸到柏林胡同。戏楼胡同因雍和宫庙会而形成。旧时，每年农历正月雍和宫庙会都会有打鬼、演戏等活动，这时人们会搭建很高的戏台，久而久之，戏楼胡同就因此得名了。

雍和宫的入口是一条林荫路，路的尽头是天王殿，也是昔日雍亲王府的大门。在天王殿的后边，是那尊铸造于清乾隆十二年（1747年）的赫赫有名的青色铜鼎。据说雍和宫改为寺庙之后，清朝的历代皇帝到雍和宫拜佛，都用这个香炉进香。这样的香炉国内仅存两座，另一座在故宫的御花园内。

※ 冬季的初雪覆盖了雍和宫具有皇家气派的琉璃屋檐。

再往后走是一座明代万历年间铜制须弥山，大殿中供奉着三世佛祖。而后是雍正皇帝即位前居住的寝殿——永佑殿，最初永佑殿以及法轮殿等大殿的瓦是绿色的，1735年，雍正突然暴死在西郊的圆明园中，而后灵柩停放在雍和宫内，于是将绿色琉璃瓦改成黄色琉璃瓦。大殿的西墙上悬挂的绿度母补绣唐卡，据说是乾隆之母孝圣皇太后亲手补绣而成。接下来的法轮殿，中间供奉着格鲁派创始人宗喀巴大师的圣像。班禅楼在法轮殿的左侧。1780年，第六世班禅来京给乾隆皇帝祝寿，曾在雍和宫讲经说法，班禅楼就是他礼佛讲经后的休憩地。与班禅楼相对的是戒台楼。而今，这两座楼里常年设有展览，展出珍贵的佛家及皇家资料。

在雍和宫东侧的柏林寺是一座早于雍和宫的寺庙建筑，民间传说"先有柏林寺，后有北京城"。它始建于元代至正七年（1347年），当时寺庙前的柏树成林，绵延十多里。清康熙五十二年（1713年），为庆祝康熙皇帝六十大寿，清廷对雍王府旁边的柏林寺加大了修葺的力度，康熙皇帝还为柏林寺题名"万古柏林"，由此柏林寺成为京师八大庙之一，也成为清朝时期的佛学院。寺内曾经保存着《龙藏》经版，是中国释藏中现存的唯一木刻经版，也是清朝唯一的汉文《大藏经》经版。这部经在校尉胡同的贤良寺内刻成，成品重约400吨，首尾连接可达60千米，现如今贤良寺早已不见了踪影。经版原存于故宫武英殿，清乾隆年间因取用不便，移至柏林寺内设专库保存，1982年被转移到智化寺保存，1991年因印刷经书，自智化寺调出。

乾隆版《大藏经》与嵩祝寺及智珠寺

走在幽静的景山后街，穿过嵩祝院北巷略显杂乱的胡同，就来到了23号院，眼前低矮的红色庙门便是嵩祝寺及智珠寺的入口了。这两座寺庙而今虽已融入现代艺术与展览，但在残存的大殿与门窗处，均可看出建筑原本的巧夺天工。据清宫内务府档案记载，智珠寺是后建的，为乾隆二十一年（1756年）所建，当时此处有三座寺庙，中间是嵩祝寺，西侧是智珠寺，东侧为法渊寺，三座寺庙也就是三间大殿，相邻相连，面积不大。其中嵩祝寺在历史上占有极其重要的位置，曾是北京仅次于雍和宫的第二大藏传佛教寺庙。

嵩祝寺在明嘉靖年间是首辅严嵩的家庙，到万历年间改为明代皇家御用的番经厂、汉经厂，是印刻藏文佛经和各种文典的地方。明万历年间的宰相张居正在《番经厂记》中记述了番经厂的创办经过，"番经来自乌思藏，即今喇嘛教"。明成祖时，番经厂与汉经厂并列，后建置倾毁。明穆宗曾命司礼监对之修葺，工程未完穆宗去世。万历皇帝朱翊钧继位后，他的母亲慈圣皇太后下令继续修葺完成。当时的番经厂，僧人们主要学习西方梵呗经文，专门印刷藏传佛教所用的蒙文、藏文、天竺文经卷，是皇家御用的印刻经文经典之所。每到皇帝的生日以及各种大小节日，番经厂的僧人们都要到英华殿去做佛事。

清雍正元年（1723年），青海发生了罗卜藏丹津叛清事件，雍正命手下大将年羹尧寻找到年幼的三世章嘉若贝多杰活佛，并护送其来到北京。次年，三世章嘉活佛在嵩祝寺举行了坐床典礼，不久之后进宫与皇子弘历（乾隆）一同读书。自此，嵩祝寺就成为历代章嘉活佛在京的居所了。

清乾隆年间，乾隆命人恢复嵩祝寺刻印藏文佛经的技术，并要求刻印《大藏经》。根据历史记载，当时《大藏经》的编刊工程浩大，负责此事的官员、学者、高僧有60多人，监造人员80多人，还募集了刻字、印刷和装帧等优秀工匠860多人。当时对雕工要求非常高，刻版要选取上好的梨木，

✕ 嵩祝寺及智珠寺低矮的红色庙门

手法要精细，正反两面刻文字，佛像等图版都采取线条流畅的白描，成品非常优美。这部《大藏经》雕刻完工后第一次印刷了104部，分赐给了全国各大寺院，非常珍贵，后人把乾隆时在北京刻印的《大藏经》称为"嵩祝寺版"。

后来，嵩祝寺与智珠寺一度荒废，20世纪70年代北京东风电视机厂占用了这里，并拆除了寺院的天王殿、钟鼓楼以及法渊寺的全部建筑，寺庙毁坏严重。2007年一位外国友人温守诺（Juan van Wassenhove）以私人名义精心修复，古建得到了小部分的复原。2012年，作为亚太地区古迹保护的典范，智珠寺古建筑群保护工程获得"联合国教科文组织亚太地区文化遗产保护奖"，这也是北京市建筑第一次获得这样的殊荣。

✕ 智珠寺内经过重修的大殿

PART 02
朱门王府的豪宅大院

北京遍布着多少王府府邸呢？最多的时候达到52座！自北京城修建以来，王府就是皇城之外最高等级的建筑，后来随着清政府的没落，很多王府院落不是易主就是被改建，大多拂去繁华化为微尘。北京现存的王府有22座，其中有1座公主府、2座贝勒府、15座亲王府和4座郡王府。这些王府大部分坐落在胡同中，占据着北京的风水宝地。

恭王府，盛景繁华曲径通幽

著名学者侯仁之先生说"一座恭王府，半部清代史"，这绝对不是夸张。恭王府坐落于什刹海，什刹海的水脉连接着紫禁城，这条水系在过去被称为北京的第二条龙脉。恭王府的风水好，景色也不可方物。

明朝时，这里是一座香火旺盛的寺庙，清朝时供内务府使用。乾隆时期，当朝重臣和珅将此处相邻的几处院子都买了下来，改成自己的住所，花重金精雕细琢，不仅使用很多楠木搭建屋宇，而且仿照紫禁城的宁寿宫建了楠木仙楼。清朝对于大臣亲王建房子有很多约束，规定亲王府邸，大门宽度不可以超过5间房子，正殿不能超越7间、后殿不能超越7间。嘉庆四年（1799年），和珅因僭侈逾制的大罪被赐死并被抄家，抄没家产约合白银10亿两，相当于当时清政府十几年的财政总收入。

恭王府的第二任主人是道光皇帝的儿子爱新觉罗·奕訢，清末的军机大臣，善办洋务，人称"鬼子六"。奕訢着重修建了府中的花园。他调集一百多名能工巧匠来修复花园，将江南园林与北方建筑相融合，并巧妙结合了西洋拱门的建筑风格，这样一来，恭王府的奢华又成为王府之首。

恭王府的正门开在什刹海西街，前临李广桥，进正门向里就是王府的各个院落，花园水苑建在最深处。恭王府南北宽330米，王府中最气派的是中间的银安殿和嘉乐堂，绿色的琉璃瓦和紫禁城一脉相承，只是低了一个等级。

进了花园的门，沿着甬路向东，右手边是藏宝楼，这座楼是国内王府类建筑中最长的楼，被形容为"99间房子"，为恭王府三绝之一。窗户开在离地四五米的地方，每个窗檐都有吉祥图案的精美雕花——寿桃、蝙蝠、

✕ 恭王府嘉乐堂前的两株古银杏在深秋时呈现出金灿灿的色彩。

书卷,人称"什锦窗"。

恭王府花园里最著名的就是蝠池北面秘云洞里的康熙福字碑。当年康熙皇帝闭关一个月,打坐时顿悟,写下这个集"子、才、多、田、寿、福"字于一体的"福"字,一个字里有六个字,字上方正中是一枚完整的康熙御印。花园中路最北部还有一座蝠厅,形状像个蝙蝠,绘满斑竹。恭亲王常在这里睡午觉,他的孙子大画家溥心畬曾经住在这里的寒云堂。

恭王府的夏天,后花园总会打开喷泉,湖面上荷花芳香四溢、沁人心扉,坐在亭台楼阁中,时光也慢了下来。有些人认为《红楼梦》中大观园的原型就是恭王府,无论真假,这里确实是别有一番滋味。

清亡后,小恭王溥伟想要复辟,为了筹集经费,1921年他把恭王府抵押给了西什库教堂,当时偌大的恭王府才换来8万银圆。结局可想而知,小恭王的复辟之路没有成功,在利滚利之下,要赎回恭王府就要拿出20万银圆的赎金。最终,辅仁大学的罗马教会花了108根金条抵充了20万银圆,恭王府就变成了辅仁大学的女子大学分部。

✕ *初雪中的恭王府花园不复夏季的繁茂,却别有风韵。*

皇城外的皇家事

醇亲王府,合欢树下故人已不见

什刹海后海的北河沿远离了喧闹,醇亲王府的红漆大门仿佛永远关闭着,门口挂着"国家宗教事物局"的牌子。三百年来这个府邸承传有续,康熙年间的大学士纳兰明珠、大词人纳兰性德都曾在这里住过。乾隆年间,纳兰家的后人得罪了和珅,宅子被侵吞,成为和家府邸别墅。和珅被抄家之后,嘉庆帝把这座府邸赐给成亲王永瑆,并恩准可以引入后海的水造园,故此,府邸的花园内造了一座亭子,命名为"恩波"。

1888年,宅子赐给了光绪的父亲醇亲王奕譞。光绪驾崩之后,慈禧太后从这座醇亲王府里拎出一个叫溥仪的孩子送上太和殿。醇亲王府贵为监国摄政王府,又是新皇帝的"潜龙邸",所以按照清王朝的规矩,这个府邸不能居住,要供起来,醇亲王只能搬家。然而新赐宅邸还没有确定,清王朝就岿然倒塌了。

✕ 宋庆龄同志故居里的长廊

王府西侧的幽静庭院本是王府的花园,1963年改为宋庆龄的居所。宋庆龄在这里住了18年,直到1981年5月逝世,她的骨灰被送回到上海陪伴父母双亲——她是唯一回到宋氏墓地的宋家子女。

宋庆龄的汉白玉半身像立在竹丛里,端庄又慈祥。"宋庆龄生平展"的第一展厅原来是大客厅,题额为"濠梁乐趣";第五展厅原是大餐厅,宋庆龄用来招待国际友人,举办正式的聚会,题额为"畅襟斋",出自帝师翁同龢的手笔。厅前的西府海棠已有二百多年的树龄,据说昔年,宋庆龄每年秋天都要制作海棠酱分给朋友们。

大词人纳兰性德在这里居住时亲手种过两棵合欢树,并写下《夜合欢》这首诗:"阶前双夜合,枝叶敷花荣。疏密共晴雨,卷舒因晦明。影随筠箔乱,香杂水沉生。对此能销忿,旋移迎小楹。"但后来合欢树不知去向,替代它们的是数丛丁香。

涛贝勒府,中西融合的朴素宅院

与恭王府一街之隔的,是醇亲王奕譞的第七子涛贝勒的府邸,涛贝勒就是光绪同父异母之弟爱新觉罗·载涛,虽然载涛后来也被封了亲王,但是大家还是习惯称这里为涛贝勒府。这座相对朴素和安静的宅子里,曾居住过很多亲王,康熙第十五子爱新觉罗·允禑和道光年间的钟郡王奕詥都先后住在这里。贝勒府的大门相对恭王府来说逊色很多,内里有四进院子,其中三进是院落,南部一进是花园。

1925年,因为生活艰难,载涛把贝勒府租给了罗马教廷的天主教会。

✕ 涛贝勒府建筑遗存

1927年，这里成了辅仁大学，至今还保存着辅仁大学当时所建的带有西洋风格的教学楼。万幸的是，贝勒府的基本建筑没有被破坏掉，西侧还保留着戏楼。载涛曾在英国出任过使节，也曾在法国索米骑兵学校留学，专门负责训练禁卫军。新中国成立后，他还担任过武装部炮兵司令部的顾问。

庆王府与棍贝子府，记忆中的美墅与花园

乾隆皇帝的第十七个儿子庆王享受世袭爵位，他的府邸有两处，老府邸就在前海西街路北、恭王府的前边，咸丰年间，庆王府移至定阜大街原大学士琦善的宅邸。彼时住在庆王府里的是奕劻，他在光绪年间被晋升为庆郡王，被封为世袭罔替的亲王，是清朝的最后一个铁帽子王。老庆王府

✕ 积水潭医院外昔日棍贝子府（诚亲王允祉新府）的花园。

踪迹难寻，而新庆王府保存基本完好，在王府西路的院落全部用楠木精雕细琢，只可惜万字楼和戏楼现在看不到了。1949年之后，庆王府成了京津卫戍区司令部的办公地。

去过积水潭医院的人会对医院建筑浓浓的复古风印象深刻，在医院的后院，有一处带有亭台楼阁的花园，不熟悉北京历史的人，绝对想不到这个花园就是昔日棍贝子府的花园。棍贝子府是康熙皇帝第三子诚亲王的新府，诚亲王允祉去世之后，他的第七个儿子弘暻成为新的府主，被封为贝子，所以这座宅院又称为固山贝子弘暻府。整个府邸规模很大，北边挨着积水潭的南岸，房屋在西侧，东侧是花园，花园内有湖，湖中有一土石相间小岛，湖水引自积水潭。这在当时是一个特例，用水是经过乾隆皇帝御批的。因为按照清代的制度，积水潭里的水除了皇上之外，任何人一概不可以使用。贝子府先后住过好几代皇亲国戚，直到后来大部分建筑被拆除。

PART 03
胡同里的皇城办事处

紫禁城附近有很多条胡同,其中很多是明清两代皇宫各大机构在皇城外的办事处。这些胡同的名字和这些办事处的功能、作用相关,比如恭俭胡同、饽饽房胡同、妞妞房胡同等。不经意间经过这些胡同,映入眼中的是寻常百姓家的烟火,仔细探寻,却又会揭开一段段历史长河里的故事。

围绕皇城而建的内务府仓库

南池子街的景色一向迷人,春季的柳树婀娜明媚,皇史宬的朱红墙壁是新绿的最好衬托。这条并不宽敞却每日车水马龙的街道在明清两朝,隶属于皇城。街道两边的胡同大都是内务府的库房,库房名字就演变成胡同的名字,一直保留至今,比如灯笼库胡同、缎库胡同、磁器库胡同等。朱一新的《京师坊巷志稿》中记述说:"东华门外南长街,俗称南池子,井二。内务府所属外养狗处在西。旧有管辖番役署。"高冷的皇史宬是明清时的皇家档案馆,从来没有对外开放过,好奇的游人踮起脚也只能看到墙里

✕ 皇史宬虽不对外开放，但已成为南池子大街的标志性建筑。

✕ 位于明清紫禁城管辖范围内的灯笼库胡同格局规整。

大殿耸出来的屋顶,据说有关两朝皇帝的绝密资料都藏在这里。

明朝时,皇宫的内务衙门在皇城外设立了酒醋局,所在地就是今天的酒醋局胡同。酒醋局负责供应皇宫里油、盐、酱、醋、糖、面、豆子等食物,属于内务,由太监掌管。到了清朝,酒醋局被废除,但胡同的名字却没有变,酒醋局胡同内的真武庙一直保留到今天。清朝内务府废除了一些明朝时的作坊,根据爱新觉罗家族的爱好设立了一些新机构,比如在西皇城根有个专门为皇宫提供甜品的厨房,叫"饽饽房"。胡同不长,只有370米,老百姓就给起名叫作饽饽胡同,现在改名为博学胡同。

妞妞房胡同也是清代时出现的,在骑河楼街南巷、东板桥街西巷、西什库大街东侧的爱民里三巷和府右街西侧的博学胡同北段,这四个地方都是当时的妞妞房胡同。根据清朝的律制,每三年会在八旗的十四岁至十六岁的女孩子中选一次秀女。初选合格的女孩子,便被安排住进妞妞房进行培训、教导,训练合格的女孩子大部分进入皇宫成为宫女。

锦衣卫与军器库

西城的石碑胡同得名于胡同里的一块汉白玉的石碑,这块石碑上刻着"官员人等,至此下马"八个字。根据《顺天府志》中的记载:"刑部在皇城西,即明锦衣卫故址移建。大堂壁间,旧有锦衣卫题名碑,后毁于火。"由此得知,在明朝时这条胡同是锦衣卫所在。清代时锦衣卫改为銮仪卫,总部在紫禁城内的东南角楼。銮仪卫的职责和权力都非常大,负责皇帝和皇后车驾仪仗,由满族贵族的亲信担任。石碑胡同应该是銮仪卫在紫禁城

× 火药局胡同内的一座重新装修过的宅院

外的一个主要办公和住宿地点。

　　火药局胡同位于北河沿和景山中间，从头条到五条，一共五条胡同。顾名思义，这几条胡同是明朝内务府的军器库，军器库内有火枪和火药，这些武器专供皇城使用，所以也隶属于仗兵局。内务府军器库和兵部军器库的不同之处在于，前者还同时管理皇城内的针头线脑，小到一根针，大到一把锁，都储存在火药局的军器库里。

内宫监的工程与后勤差事

西城区北海附近有一条恭俭胡同,是明朝二十四衙门的办公地之一。《明史·职官志》中记载,内宫监是明朝内廷的二十四个衙门之一,不准平常百姓居住。内宫监负责的内容比较杂,相当于现在工程部和后勤部的结合体,修房子、举办婚礼、厨房采购等,都归这里管。到了清朝,人们把内字去除掉,用谐音"恭俭"替代了"宫监"二字,准许平民居住。

与恭俭胡同相连的是油漆作胡同。明末清初,清政府要对整个皇城进行修缮,就把之前居住在油漆作胡同里的老太监们辞退了,将从全国召集来的大批顶级油漆工匠安置于此处。说是油漆工匠,其实很多人都是技艺高超的画师,故宫内很多雕梁画栋之作均出自他们之手。油漆作胡同 21 号是溥仪的英语老师庄士敦的故居,故居一度非常破败,得不到修缮,而今

✕ 油漆作胡同东口

已经被彻底拆除。鼓楼附近的草厂胡同，其实是清朝储草的仓库。当时钟鼓楼东侧的宝钞胡同是神机营所属的左骁骑营抬枪队，再往东，就是顺天府的衙署，这一带都归镶黄旗满洲都统署和汉军都统署管理，因此会有大批兵营驻扎，随营驻扎的，会有粮草仓库。

在德胜门外有一条冰窖口胡同，这条胡同在清朝时是内宫监的冰窖，供宫廷使用。那时候制冰异常辛苦，冬天的时候到积水潭取冰，用溜槽把冰运到冰窖里储存起来，一直到第二年盛夏来临。保存冰是项技术活，冰窖中设有专门的储冰坑，每块冰之间要铺上稻草，再盖上一层厚厚的保温层。在北京大学燕南园的西南角，曾经有一个皇家冰窖，在历史资料中明确记载了这个冰窖的修建过程和造价。之所以修建这样一个远离紫禁城的冰窖，是因为康熙长期居住在畅春园。建造这个冰窖共花费13226两白银，康熙亲自批示，可以使用紫禁城里一些库存的砖瓦石材，但这些也不够，工部后来备办的还有城砖3.9万块、黑白石灰4.4吨、生熟铁楔子250斤、旧席40张、麻绳2000斤等，还调集来了木匠、石匠、铁匠、油漆匠一共2010人。后来，在畅春园冰窖的周围逐渐形成了一条胡同——冰窖胡同。这条胡同曾经居住过清朝的一些大臣，比如道光年间的军机大臣赛尚阿就住在这里。现在，海淀区对胡同进行了整理，原貌早已不见，但在中关村地区原海龙大厦和鼎好大厦之间规划了一条长约150米的新冰窖胡同。

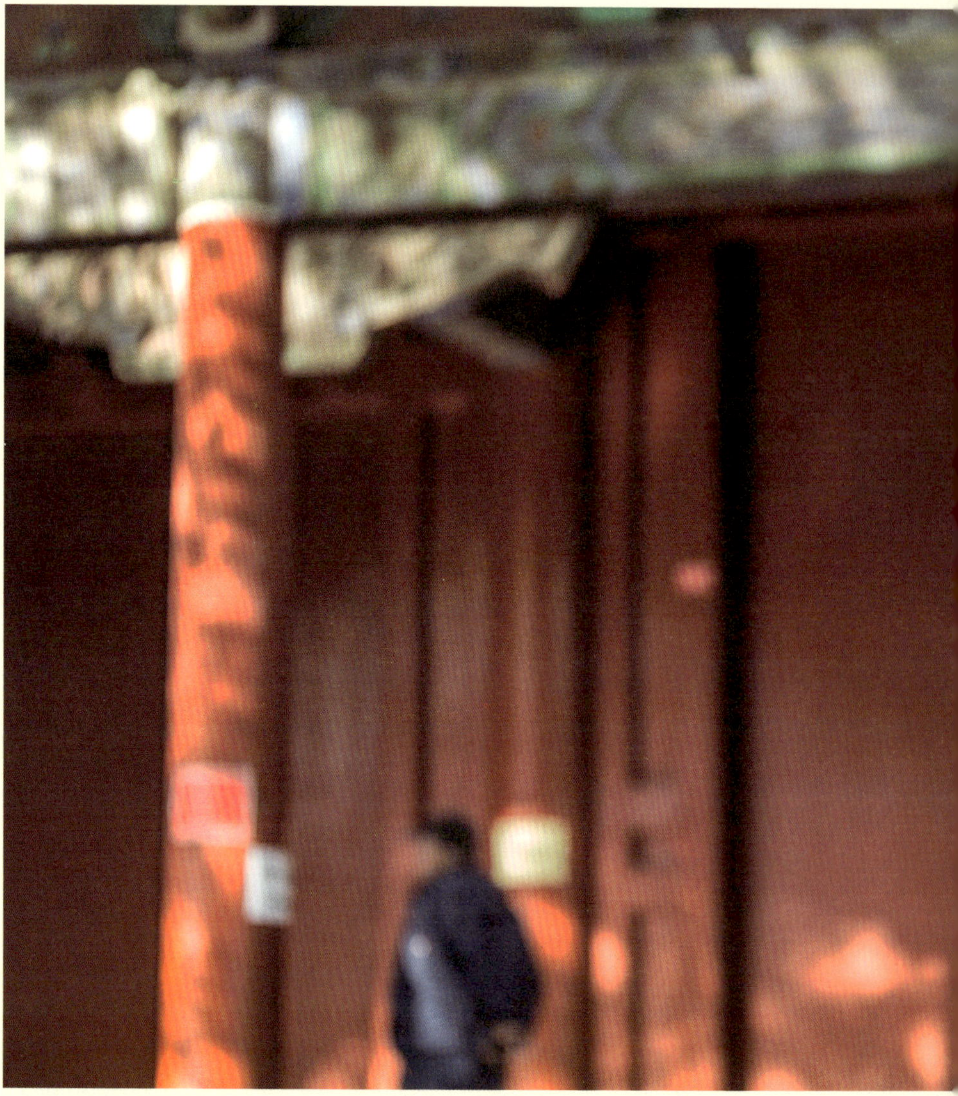

第四章

流年里的古风与琳琅文化

北京的胡同不仅是皇城的外围、百姓的居所,自古以来,胡同还是好玩的去处,比如文人雅士爱去琉璃厂,采买商品就去大栅栏,听戏就去前门和天桥,这些组成了胡同生活颇有趣味的生动内涵,也是北京最让人心动的生活韵味。

胡同　皇城根儿下的老北京

×

PART 01
琉璃厂里的古玩雅客

琉璃厂称得上是中国古玩界的发源地。能在琉璃厂里经营的都是百年老店，都有古色古香的门脸，屋内摆着文房四宝、古旧书籍、文玩古董、碑帖字画……货品摆放得井井有条，即便不买，看着也让人赏心悦目。

这条胡同东西走向，西至南北柳巷，东至延寿街，全长800米。中间被新华街隔开，分成了琉璃厂东街和琉璃厂西街，不过北京人更习惯称之为东、西琉璃厂儿。

琉璃窑成为琉璃厂

追溯琉璃厂的历史要回到大辽时期，当时这里还是郊区，名为"海王村"。后来，元廷在这里开设官窑，用来烧制建城用的琉璃瓦。明朝时期，因大规模修建宫殿、扩大皇城，需要大批量的琉璃瓦，于是政府扩大了官窑的规模，琉璃厂成为当时明朝工部的五大工厂之一。一直到明嘉靖年间，北京修建了外城，琉璃厂一带成为城区，供市民居住，官窑被迁到现在的门头沟区的琉璃渠村,但作为地名,"琉璃厂"则一直沿用下来。

与此同时,琉璃厂开始进行大肆改造,在原来的厂址上修建了师范学堂,也就是现在的北师大附中的前身;厂址往南,修建了海王村公园,后来逐渐成了琉璃厂的中心,也就是厂甸最为热闹的地方之一。

旧书市场与古玩买卖

琉璃厂的兴起,与文人有着密切的关系。顺治年间,北京城实行满汉分城居住,琉璃厂在外城的西部,当时的汉族官员多数住在附近,全国各地的会馆也建在附近,一时间,无论是汉族官员还是进京赶考的外地举

✕ 琉璃厂街上的店面

子、都常聚集在此。每当发榜之后，名落孙山的举子为了凑返乡费用，便把带来的书籍、墨砚等拿出来变卖，久而久之，明朝时红火的前门、灯市口和西城的城隍庙书市逐渐转移到琉璃厂。

但琉璃厂书市真正的兴起，与乾隆三十八年（1773年）《四库全书》开馆有很大关系。当时因为修注《四库全书》需要大力搜集流落民间的重要典籍，朝廷征调了两千多名文人进京参与编修的工作。当时主持修注《四库全书》的是纪晓岚，他就住在宣武门附近，距离琉璃厂仅咫尺之遥，因此这些文人也大都选择住在宣武门外。他们不仅买书，而且卖书，这样一来，进一步促进了琉璃厂的生意。据说那时古旧书店云集、珍本秘籍迭出，今天如果想找古籍，去琉璃厂依然是不错的选择。每年秋季，琉璃厂还会举办古籍书市，那时可谓是古旧书迷淘宝的好时刻。

鲁迅非常喜爱收藏，经常到琉璃厂来逛街。据说他在北京居住的14年里，除了教学之外，来琉璃厂的次数竟然达480次之多。

清朝灭亡以后，八旗子弟的富贵生活陡然间转变，无着无落的他们便开始把家中的收藏拿到琉璃厂来出售，以换取生活所需。渐渐地，各地的古玩商也纷纷到这里设立摊位、购买商铺，从各地贩来大量的古玩和藏书，使琉璃厂一下子成为京城繁华的书香市井。清末民初时，荣宝斋、大千画廊等琉璃厂老店纷纷争悬名家书画于窗前，好似一个巨大的画作博物馆，成为琉璃厂一道颇令人向往的风景线。

好玩的厂甸庙会

对于北京人来说,到琉璃厂,就要逛厂甸。厂甸最初叫"光厂",又称"厂店",源于明清时的灯会,过年的时候还有厂甸庙会。庙会上古玩很少,更多的是风车、糖葫芦和小吃。清代震钧《天咫偶闻》中记载厂甸庙会:"晚归,必于车畔插相生纸蝶,以及串鼓,或连至二三十枚,或以山楂穿为糖葫芦,亦数十,以为游帜,明日往,又如之。"文中所说到的"串鼓",就是大风车。

✕ 清朝年画《新正逛厂甸》,描绘了春节期间热闹的厂甸市场。

PART 02
天桥，记忆里的乐园

老北京人有这样一句话："皇帝的天桥，百姓的乐园。"老一辈的北京人对天桥的过去有着鲜活的记忆：戏院、茶社、杂耍、小吃……同样耳熟能详的还有天桥艺人。但是大名鼎鼎的天桥在哪里？事实上，它不仅在老北京人的记忆力，还在天桥一带的胡同里。

消失的水沟与天桥

今日的天桥一片簇新，崭新的楼房装着耀眼的玻璃，沥青路面在阳光下泛着幽光，街道两旁的老槐树已所剩不多。由正阳门到天坛的这条路，在明清两朝，是去往天坛和先农坛的必经之路，但这条路上却横着一条水沟，出行尤为不便，于是，明成化年间朝廷在此修建了一座石桥，为天子祭天必过之桥，所以民间都称其为"天桥"。也有人将其俗称为"龙鼻子"，称前门为"龙头"。

天桥早被拆毁，据《京师坊巷志稿》记载，在"永定门大街，北接正阳门大街。井三。有桥曰天桥。桥西南井二,街东井五。东则天坛在焉,西则先农坛在焉"。《宸垣识略》卷九中绘有外城图,图中天桥恰好位于纵贯全城的中轴线上。这条中轴线以永定门为起点,经正阳门、天安门、端门和紫禁城午门,穿故宫出神武门,越景山中峰,止于鼓楼和钟楼,全长7.8公里。据此,老天桥的位置已十分明确,即今天坛路西口,永安路的东口,前门与永定门中间的十字路口处。根据历史资料记载,天桥是一座高大的汉白玉单孔高拱桥,长约8米,宽约5米,东西两侧各有五根桥柱,桥面用石板铺砌。天桥被拆除后,名字作为一个无法被替代的地名保留了下来。天桥下的这条沟被称为龙须沟,就是老舍先生所撰写的小说《龙须沟》的原型。据说老舍先生生前喜爱天桥,最喜欢乘着叮当车(无轨电车)到天桥看拉洋片、吃小摊上的小吃。

  自元明时沿龙须沟建了很多酒馆、茶肆,逐渐出现了一些为客人助兴的艺人。清朝时,这一带的民间艺人越来越多,附近的很多农民吃不上饭,就学上一门杂耍技艺,来天桥摆摊,作为一个谋生的出路。当时,京城里的名角都在各大戏楼里唱戏,瞧不上天桥,更不愿意到这边来唱戏。在旧社会,天桥的艺人属于末流,但仅清朝末年至新中国成立初期的半个多世纪中,天桥出名的民间艺人就有五六百位,而其中最独特的就是名声响当当的天桥"八大怪"。据说这些人相貌奇特、言行怪异,却个个身怀绝技,天桥周边的胡同就是他们的落脚之地。

胡同里走出来的艺术家

相声艺术大师侯宝林先生曾经在天桥卖艺说相声,那时他住在留学路,早年称牛血胡同,据说是因为当初这条胡同是宰牛的地方,经常血流成河,民国时期改谐音为留学路。胡同全长400多米,东与校尉营胡同、鹞儿胡同、赵锥子胡同、灵佑胡同,西与板章胡同、香厂路、仁民路相交。侯老在《我第一次说相声》一文中回忆自己17岁(1935年)住在留学路时的岁月。当时的留学路非常繁华,但是侯老却经常忍饥挨饿,就连每月3个铜板的房租也经常凑不到。而今的留学路也热闹非凡,店铺一个挨着一个,人们川流不息熙熙攘攘,烟火气十足。

在新中国成立前的三十多年里,警察机关的侦缉队总部一直设在鹞儿胡同的5号院里,侦缉队不分昼夜地严刑拷打犯人,犯人凄厉的惨叫声往往

✕ 留学路胡同内老住户在自家窗外悬挂的鸟笼

刺穿了平静的夜空，成为鹞儿胡同最悚人惊心的时刻。京城最著名的侠盗燕子李三，经常偷盗大户人家劫富济贫，每次作案后会在现场留下一只剪纸的燕子，因此被称为燕子李三，他被捕后就关押在这里的水牢里。今天的鹞儿胡同5号院成了一处民居大杂院。鹞儿胡同还曾经住过很多北京名伶，京剧著名的表演艺术家童芷龄、阎世善，评剧名角小龄妹等都曾住在这里。

鹞儿胡同虽然短，却聚集着浮山、平介、徽州等几个会馆，其中浮山会馆建于清朝雍正七年（1729年），是山西浮山县举子、商人来京的落脚点，会馆不大，里外三个院子、二十多间房，还有戏楼、五圣殿等。平介会馆是山西平遥、介休两地一起在京城修建的会馆，分为东西两个院落，闻名中外的著名交响乐指挥家李德伦就出生在这个会馆里，他的父亲非常

× 鹞儿胡同里的老北京习俗壁画

喜欢京剧，经常带他去天桥听各种曲艺，渐渐地就培养了李德伦对音乐的兴趣。相比前两个，规模很大的徽州会馆有四十多间房，也建有自己的戏楼，北京最知名的猜谜组织——北平射虎社就设在徽州会馆里，但现在徽州会馆已经不复存在了。

　　留学路胡同西口往南就是赵锥子胡同。赵锥子胡同呈西北—东南走向，西接留学路，东连铺陈市胡同，中部北侧与四胜胡同、南侧与荣光胡同相交。赵锥子胡同是明朝时就有的一条胡同，那时候胡同里有个卖锥子的店铺，店主姓赵，所以就有了这个名字。在20世纪二三十年代，赵锥子胡同有个非常知名的三义轩茶馆，每天下午和晚上是说书的时间，当时是京城说评书最有名的地方。那时候名角儿品正三的《隋唐》、袁杰英的《施公案》、王杰魁的《包公案》、赵英颇的《聊斋志异》、李万兴的《三侠剑》、李存源的《西汉》等评书都在这里表演。京剧谭派须生的创始人，一代宗师谭鑫培先生也曾跟随父母在赵锥子胡同短暂居住。

✕　赵锥子胡同口一处清末民初时期风格的老建筑

PART 03
大栅栏的百年老买卖

只要去过一次大栅栏，人们就不会忘记，一家家店铺像迷宫一样隐藏在胡同拐弯抹角处。老北京有句顺口溜说"看玩意儿上天桥，买东西到大栅栏"，可见大栅栏很早就是老北京的商贾之地。

治安防盗而设立的大栅栏

明初，正阳门外是一片荒芜之地，永乐年间，为了更好地吸引外来人口，前门一带加建了廊房（即临街而建的铺面房），"召人居住，召商居货"，以此来繁荣京城的经济。在《京师五城坊巷胡同集》里并没有记载"大栅栏"这个地名，只有廊房头条、廊房二条、廊房三条和廊房四条，这侧面说明大栅栏外围的地方是后来兴建的。自号召全国的商人到这里开店铺后，这一带确实发展得越来越好，每一条胡同都形成了自己独特的商贸特色。廊房头条主要卖灯笼，廊房二条聚集着古玩玉器店，而廊房三条是玉器作坊。

× 珠宝市街是大栅栏形成商业街后财富最集中的胡同之一。

到了明孝宗弘治年间，由于自然灾害和赋税加重，从外地流亡到京城的流民逐渐增多，为了治安防盗和追捕人犯，官府实施"宵禁"，在内城大小街巷设立栅栏。其中廊房四条的栅栏由商贾出资，格外高大和牢固，因而被称为"大栅栏"。久而久之，大栅栏就取代廊坊四条成为这条街道的正式名称。明末清初的政治家孙承泽所撰写的《春明梦余录》一书中提到了"大栅栏"，这本书记录了明朝北京城的盛况，是一本很有参考价值的书籍。

建栅栏的规矩一直延续到清朝。清雍正至乾隆年间，北京各街巷胡同两头纷纷建起了栅栏门，约有1700多处。这些大栅栏黎明时分开启，入夜掌灯时分关闭。随着汉人的外迁，前门大栅栏逐渐扩大，不仅大栅栏这一带热闹，和大栅栏连着的一些街道，如前门大街、珠宝市、粮食店、观音寺，也都是热闹的去处。《道光都门纪略》云："京师最尚繁华，市廛铺户，妆饰富甲天下。如大栅栏、珠宝市、西河沿、琉璃厂之银楼缎号，以及茶叶铺、靴铺，皆雕梁画栋，金碧辉煌，令人目迷五色。"

义和团的一把火

热闹的光景在光绪二十六年（1900年）一去不返，八国联军侵华，慈禧西逃，庚子之变爆发。义和团四处搜查洋货，6月16日，义和团火烧了售卖西药与洋火（火柴）的"老德记"西药房，结果火势失去控制，将大栅栏一带一千多家商铺烧为灰烬，连带观音寺、前门大街、前门箭楼全部葬身火海。木质栅栏被烧毁，从此以后大栅栏只存其名，直到一百年之后的

✕ 大栅栏夜景

2000年，北京市政府为了还原大栅栏的历史风情，在大栅栏街口修建了铁艺栅栏，真正的栅栏才又回到大栅栏。现在游走在大栅栏的胡同里，会发现街巷两侧的房屋大都是民国时期兴建的，这就是光绪年间那场大火之后复建的建筑。

复建后的大栅栏更为繁荣，新建的商店比以前更恢宏、气派。除了自身的吸引力之外，这种新生的热闹与繁华也得益于清末京奉铁路的修筑。当时的北京站就设在正阳门外，如此就大大增加了前门地区的客流量和货运量，大栅栏日进斗金。这个火车站在京城曾经轰动一时，凡是坐火车往返北京和东北两地的人都会经过这里。

几百年经商留下来的老字号

老北京有一句话：头顶马聚元（帽店），身穿八大祥（绸缎店），脚踩内联升（鞋店），腰缠四大恒（钱庄）。这说的是庚子年后大栅栏的景象。路北的瑞蚨祥、东鸿记、西鸿记、张一元茶庄等几家老字号的铺房，修得富丽堂皇：磨砖刻花、装着大玻璃门的楼房，巨大的金字大牌匾，供客人停车的停车场……单说那金字匾，都是十足的纯金叶子粘贴而成。

当年北京还没有百货公司，瑞蚨祥虽然是绸缎店，也兼营一些衣着百货，是北京的显贵们常逛的地方。那些年大出风头的名店还有药铺乐家老店同仁堂、香粉铺花汉冲、烟铺豫丰号，花汉冲的冰片鹅肥皂、桃儿粉、棉花胭脂，豫丰号的京杂拌、兰花子（都是烟草名）不仅享誉北京城，甚至是全国闻名。民国初年的大栅栏的买卖从来不做广告，一位老掌柜说：

✕ 虽经百年，瑞蚨祥依然是大栅栏的招牌之一。

"咱们宁可少做些买卖，不能给大栅栏失身份。"

著名的"六必居""同仁堂""全聚德""月盛斋""都一处""步瀛斋"……这些老店，无一例外都在此发源，先迈出大栅栏，而后才名扬天下。

重开箱的三庆园

北京南城最早的电影园子是大栅栏的大观楼，而当年北京最高级的戏园子就是大栅栏的三庆园，它曾经是喜连成、富连成科班常年演出的地方。

乾隆年间，扬州盐商江鹤亭在安庆组织了一个徽戏戏班，取名"三庆班"。乾隆五十五年（1790年），闽浙总督伍拉纳推荐三庆班入京为乾隆帝庆祝八十大寿，这是徽班进京的第一年。嘉庆元年（1796年），三庆班与著名老饭庄"宴乐居"合营，改宴乐居为三庆园，开始了以演戏为主业的戏园经营。随着三庆班在京城崭露头角，另外三个徽班——"四喜班""和春班""春台班"也相继进京，演出地点也是三庆园。义和团的那把大火也烧毁了三庆园。1905年，酒行经纪人张云鹏及开赌局的骆四、开木厂的王五三家合资又复建三庆园，这次复建的三庆园除了开设京剧演出，平时也会播放电影，这也是北京最早放映电影的戏院之一。

三庆园一度闭园，2016年，三庆园重建，位于前门外大栅栏街18号。北京风雷京剧团常驻演出，此外德云社也在三庆园驻演，爆肚冯、羊头马、年糕钱、茶汤李、豆腐脑白、奶酪魏等久负盛名的老字号京味小吃也可以在三庆园内品尝到。无论冬夏，戏迷们只要一进戏院，仿佛就打开了一个新的世界，忘记烦恼与忧伤，沉浸在唱念做打的精彩之中。

PART 04
王府井的京华烟云

每一个到北京来的人几乎没有不去王府井的，王府井成为北京的一块商业区的古老招牌，一个符号和象征——"买东西，去王府井"。人们愿意在那条整天熙熙攘攘的街上走一走，也许仅仅是源于心中对老王府井的怀念和留恋。

十王府街上的王府与水井

元朝兴建大都城时，兴建了"哈达门丁字街"。明成祖朱棣开始兴建北京城时，要求仿照南京建造：在皇城的东南角建皇太子宫，在东安门外哈达门丁字街建"十王邸"。十王邸就是十王府，即为已封王而未就藩地的亲王共居而建造的大宅院，以十为众，并不是十座王府的意思，后来顺理成章就有了"十王府"和"十王府街"的叫法。到了明末清初，就简化成"王府街"了。

如今，按照时光的踪迹去梳理王府井昔日的辉煌，在西侧，从南往

× 王府井大街上展现北京历史民俗的现代雕塑

北依次有：温郡王府、霞公府、伦贝子府、一等威勇公府、辅国公韬塞府、辅国公弘升府、惠亲王府；东侧从南向北是：豫亲王府、怡亲王府、一等褒绩公府、扎萨克贝勒府、张贝子府、佟公府。遗憾的是，如今这些旧址大都只空留下名字，或者保存不完整，不是成为居民大院就是作为政府机构使用。

1905年，由于大街上的水井较多，改王府大街为王府井大街。那时王府井大街很长，北起今天的东四西大街，南至台基厂，不过大家认可的却只有灯市西口到东长安街的这段。

今日的王府井大街灯火辉煌，数不清的商店拥挤在一起，老字号也屹立如初。早在明朝中后期，王府井大街上就出现了商店，那时晚上的灯市是北京城内的一个重要市场，灯市在东安门外的东四路口南、王府井东，夜晚"燃灯于上，望如星衢"。灯市的白天，珠玉宝器、日用物品、各种杂货，应有尽有，喧闹而繁华。后来灯市沉寂，灯市口的名字却一直沿用至今。

神机营改成的东安市场

　　王府井这条街最初是一条胡同，围绕着这条胡同的，是诸多知名的胡同和机构。煤渣胡同在王府井东侧，明代时属京城三十六坊中的澄清坊，据说当时这里曾建有一座铸铁厂，胡同成了倒废弃煤渣的地方，煤渣胡同因此得名。清咸丰十一年（1861年）在煤渣胡同的中段路北设立了神机营，这是中国历史上最早的狙击手部队，神机营负责紫禁城和皇帝的安全，在皇城周边一带进行巡逻。神枪手的装备很高级，一律配备新式步枪，士兵全部从八旗子弟中选出，由恭亲王奕䜣负责。1885年，醇亲王奕譞又奉命在此组建"海军衙门"，可惜甲午战败，海军衙门名存实亡。1900年，"神机营衙门"被八国联军烧毁。

✕ 王府井教堂

1903年,经善耆、那桐奏请,慈禧批准,废弃已久的神机营操场改为东安市场,以前神机营外的商贩被全部迁入,吃、穿、玩、乐、用等各式买卖,包罗万象,也吸引了很多民间艺人,打拳的、耍狗熊的、耍猴的、唱大鼓的、变戏法的、算命看相的……东安市场很快就风靡了北京城,成为内城的游乐中心。

当时,东交民巷与王府井近在咫尺,又是当时的使馆区,因此为外国人服务的银行、商号也逐渐落户王府井。昔日的旧王府终于从一条肃穆的街巷演变为北京城的一大商业区。而今的煤渣胡同,尚留着一处老建筑,那就是始建于1926年的"中华圣经会旧址",那里曾经是基督教在华北地区负责印刷和发行《圣经》的地方。

校尉胡同与贤良寺

明朝时,校尉胡同是校卫营的所在地。康熙六十一年(1722年)雍正继位后,封十三弟允祥为怡亲王,怡亲王的府第在校尉胡同的西侧。怡亲王深受雍正皇帝的赏识和重用,雍正先任命他为总理户部,不久又加封为郡王,管理京畿的水利,并赐御书"忠敬诚直 勤慎廉明"。但是怡亲王在1730年就去世了,年仅44岁。当时雍正非常伤心,不仅亲自祭奠,还按照允祥生前的遗愿将怡亲王府改为寺庙,赐名"贤良寺",允祥的谥号也是"贤"字。为了怀念这位忠心耿耿的弟弟,雍正还在朝阳门内为怡亲王又建了一个新的怡亲王府。

乾隆二十二年(1757年),贤良寺迁到了现在的地方,距离东安市场很近，规模也缩小了三分之二。乾隆还亲自书写心经，建了塔和碑，这块碑后来被移到五塔寺石刻博物馆保存。由于特殊地位和地理位置，贤良寺一度成为清朝封疆大吏进京述职的临时住处，曾国藩、李鸿章也曾经将这里作为自己的办公室，据说李鸿章在北京没有房产，基本住在贤良寺。戊戌变法时康有为也曾暂居在贤良寺。

建在马路中间的古井

王府井大街上旧日的井多半已经作废。1998年，王府井大街市政改造施工时，发现了一口有历史记载的古井，井深达8米，井内有2米厚的杂砖，是明代水井。而今，这个有着圆形青铜围龙浮雕井盖的古井就安静地躺在王府井大街西南侧的美食街内。

✕ 流动咖啡馆是今天的王府井大街上的新型店铺。

这口井为什么要建在马路中间呢？明人笔记中说这口井"甘洌可用"，在当时已很有名。过去人们出行离不开牲畜，在大道旁常设有"井窝子"，供过往行人及牲畜饮用。王府井的这个井窝子东邻东安门大街，是进出皇宫东华门的正路；西接金鱼胡同西口，穿过去就是繁华的东四牌楼南大街。井的北段，是"八面槽"（意为供四方八面牲畜食草料石槽的地方），可见这口井的重要性。不仅如此，位居闹市通衢中的水井还有消防救火的作用。

岁月更迭，王府井也一直在改变着，人们怀念昔日的王府井，在拆了建、建了拆之后，除了百货大楼、东安市场、王府井书店、中国照相馆、工美大楼、穆斯林大厦、四联美发等老商店之外，还增添了很多国际品牌，可谓与时俱进。

PART 05
东四灯市的不夜天

东四在明朝时是内城朝阳门内的第一个大路口,十字路口四面原各建一座四柱三楼式木牌楼。又因为位于皇城之东,所以被称为东四。路口自元朝时就有,称为十字街,商号、店铺林立,买卖兴隆、交易活跃,是全北京城最早的三大商业中心之一。与这些商业中心一起诞生的,是沿街而下的十几条规划整齐的老胡同。

东四廊房和东四牌楼

东四的兴起,明朝起到了决定性作用。元末明初,北京城内百废待兴,为繁荣经济,明政府先后在全城重要地段——大明门、东安门、西安门、北安门外,内城钟鼓楼、东四牌楼、西四牌楼,以及朝阳门、安定门、西直门、阜成门、宣武门附近,兴修了几千间廊房,召集居民和商人来居住,这样,处于内城中心区域的东四自然而然又发达起来。

值得一提的是东四牌楼,这座牌楼非常漂亮,是一座四柱三楼式木牌楼,和西四牌楼相对而建。《京师坊巷志稿》中记载,西四东路口牌楼上书"行仁",西路口牌楼上书"履义";而东四牌楼则分别是"履仁"和"行义"。清朝时牌楼被烧毁过一次,又按照以前的样子重修了,1954年被彻底拆除。

南新仓与因漕运而兴的繁华

明朝永乐皇帝迁都北京后,依然面临着南粮北调的问题,疏通漕运成为重中之重。永乐九年(1411年),明政府从各地征调了三十万民工,疏通了京杭大运河的所有河道,以保证粮食的运输。自此之后,明清两朝,每

✕ 明朝所建的皇家粮仓,现在已改为文化演艺中心。

年都要从山东、河南、江苏、浙江、安徽、湖南、湖北等地征收米、麦、豆等粮食，一年几百万石（相当于现在的几千万吨）的运输量。除了整修河道，明朝也在通州、东四一带加盖粮仓，现在东四十条的南新仓就是明朝遗留下来的保存完好的老粮仓。

当时，粮食运到北京之后，并不直接运到内城，而是先停靠在张家湾和通州运河的码头弃船装车，由陆路运输，抵达北京城，其必经之地就是朝阳门。粮食从朝阳门入城后再分运至内城，这样一来，南来北往的客人都要在朝阳门至东四大街一带休息打尖。粮食运送一般都集中在夏末秋初，一时间各地的粮食蜂拥而至，很多新粮经过一路舟船运输，水汽侵入，需要晾晒之后再入库，因此当时的粮仓也设立晾晒场。于是，各色人等都拥挤在这一带，餐厅、客栈、茶馆、酒肆人声鼎沸，东四很快就成为一片熙攘的闹市。

南新仓便是这段历史的见证。永乐七年（1409年）在元代北太仓旧基上建成南新仓，用于存放皇家所用的米和黑豆，故属于皇家粮仓。到了清朝乾隆时期，增加到76廒，现在只剩下9廒，而今是东四十条胡同22号。这几座老仓库遗世独立于现代化的高楼大厦之中，有些仓库被改建成画廊、茶馆、音像店，古老的建筑里，散发出现代生活气息，成为北京地标式的特色街区。

由于漕运的成本太过高昂，管理上的诸多不变，清朝后来改了制度，改收粮为收银。南新仓逐渐闲置。

东四灯市和御店

明朝时，自东四牌楼往西的街上，是几十家猪肉铺，这条街每天杀猪、卖猪，被称作猪市大街。而自牌楼向南，就是景色大不同的灯市，即今天灯市口的所在地。明洪武皇帝朱元璋规定，南京每年正月"放灯十日"为"灯节"。朱棣在北京仿照，依然设立灯市，并开设灯展。"灯节"期间，全国的商贾聚集在这里，据说"夷蛮敝貊之珍异，三代八朝之古董，五等四民之服用物"，在一个灯市里应有尽有。

在东四南街上，资金雄厚的店铺和有名的钱庄比比皆是，四大恒钱庄、东恒肇当铺、永安堂、宏仁堂药店、合昌纸店、德祥益绸缎庄、双顺便装店、聚寿堂、瑞珍厚、鲁园春、白魁老号饭庄、景泰茶园等，这些老字号与胡同中的秦楼楚馆构成了东四的不夜天。明朝皇帝和宦官在此合伙开办了六家闻名大江南北的御店——宝和、和远、顺宁、福德、福吉、宝延，专门经营各地商人贩来的杂货，这使东四的身价倍增。旧北京有"东富西贵"的说法，即在京的巨商富豪多居住在东城，也许就与御店的影响力有些关系。

东四三条到八条的沧桑往事

东四的胡同不难找，顺着东四大街一直走，马路东侧便是。东四大街只有南北两条行车线，两侧是自行车道与人行步道，无轨电车在街上缓慢行驶，两旁灯火通明的商店、茂盛的树木、不疾不徐的行人，是胡同附近一如既往的景致。东四三条至八条这几条胡同都是在元代建成的老胡同，

✕ 东四四条胡同

严格遵循着当时的尺度，一直保持到现在。当年马可·波罗对元大都的街巷赞不绝口，他描写道："周围皆是美丽的道路，行人由斯往来，全城地面规划有如棋盘，其美善之极未可宣言。"在这些棋盘般的街巷中，隐藏着数百年来不同朝代留存下来的斑驳故居以及在其中发生的名人轶事。

东四三条的35号，是蒙古郡王车林巴布的府邸，简称车郡王府。车林巴布是元太祖的第十五世孙，于清乾隆年间应诏来京，娶怡亲王允祥的长女为妻，这座王府便是当年长郡主的陪嫁。而今王府风范已然不再，成为老百姓的大院，但细心寻找，从垂花门、门口的石雕中还依稀可见当年王府的雍容气度。

东四四条78号现在已经成为一家精品公寓，整个大院依然保持着民国时期的建筑风格。这间院落原为爱新觉罗·毓朗府邸的一部分，民国时期曾租给著名京剧须生孟小冬，梅兰芳时常到此做客。

× 东四四条79号的砖雕

东四四条83号是清朝宝泉局东作厂，是目前北京市唯一现存的清代铸币厂。如今颇具收藏价值的"康熙通宝""乾隆通宝"铜币，很多就是在这个院子里铸造出来的。

东四四条胡同西口路北的恒昌瑞记——一座颇具特色的二层小洋楼，如今已成居民大杂院，但它曾是一处引领北京风尚潮流的老洋行，开业于1928年。门口的楹联非常有趣，至今依然可见：镜里人是一是二，笛中意至妙至神。横批：光起万物，照相洋货。恒昌瑞记开业时不仅经销洋货，最主要的还是一家照相馆，这也是北京知名老字号大北照相馆的前身。

东四八条有著名作家叶圣陶的故居。这座故居小巧精致，院中的两株海棠花每逢春季便会开出满树花朵，幽暗的香味沁人心脾。叶老在世时，每年春季都会邀请好友、文人雅客到家中举办海棠会，客人很多都是中国现代文学史上的泰斗级人物。

PART 06
鼓楼的报时与街市

要说昔日老北京城内有名的商业繁华区,就数"东四、西单、鼓楼前"了。若按时间顺序追溯,"鼓楼前"的历史最为久远,东四为次,西单则是后起之秀。今天的钟鼓楼混杂在一片青灰色的瓦片与房屋之间,与现代的大厦截然分开,令人倍感亲切安宁。

✕ 夕阳下的钟鼓楼与周边的胡同,是京城最动人的一道风景。

不曾断过的晨昏报时声

鼓楼与钟楼,暮鼓晨钟,晨昏之间为繁忙的市井行人报时,提醒着人们一天的朝夕时刻。两座历经沧桑的老楼都始建于元至元九年(1272年),鼓楼原名齐政楼,取金、木、水、火、土、日、月七政之意。元末明初时战火纷飞,钟鼓楼毁于一旦,明永乐十八年(1420年)在原钟鼓楼的旧址东面又重建钟楼和鼓楼,清朝时又经过几次修葺和复建,2021年,配合北京中轴线申遗工作,钟鼓楼再次进行局部修缮。

鼓楼曾保存有计时、报时工具——宋代的铜刻漏、漏壶和铙,但这些工具在明末清初都遗失了。清朝时,鼓楼内有24面象征二十四节气的更鼓与一面象征年份的主鼓,而今仅存一面主鼓。鼓是由整张牛皮蒙制而成的,高2.2米、鼓面直径1.4米。那些震耳欲聋的鼓声,伴随着多少北京人

的快乐与忧愁。与24面大鼓一起消失的，还有楼西城墙上的300块滴水瓦，由于过往行人的破坏，如今只剩了不到30块。

相对而言，钟楼就幸运多了，现在还悬挂着明永乐年间由响铜铸造的大钟，重约63吨，被称为"古钟之最"。古时，每日早、晚的寅时和戌时各撞钟一次，称之为"亮更""定更"，每次报时则撞钟108下。

集合了北京味儿的老礼儿与小吃

鼓楼被钟楼湾胡同围绕，北接豆腐池胡同，南有两个出口分别通鼓楼西大街、鼓楼东大街，东与草厂北巷相通，西与钟库胡同、铃铛胡同、汤公胡同相通。"鼓楼前"，指的是钟鼓楼附近、积水潭北岸的斜街市，在元大都建城时就有了这个集市。在元朝，整个皇城根据"左祖右社，前朝后市"的原则建造，鼓楼前的斜街正处于皇城后，元代时权贵和功臣的宅邸大多建在附近。不仅如此，积水潭与什刹海是当时热闹的京杭大运河的终点，更是漕运的中心地段，是京城普通百姓最喜爱的游玩地区。《析津志》中称元大都钟鼓楼一带"富庶殷实莫盛于此"，鼓楼"东南转角街市，俱是针铺"，楼西一带"率多歌台酒馆，有望湖亭，昔日皆贵官游赏之地"。楼左右一带则"俱有果木、饼面、柴炭、器用之属"。金店、药材铺、酒楼、首饰、布匹绫罗等各种店铺摊贩琳琅满目，还混杂了很多来自高丽、中亚、西亚等地的商人。据说很多初来乍到的外国人对这里的热闹都瞠目结舌，马可·波罗就赞叹元大都是世界上罕见的"商业繁荣之城"。

✕ 鼓楼旁的老字号姚记炒肝曾接待过各国元首。

鼓楼集市在明朝曾辉煌一时，后来逐渐衰落。最近这些年，这一带的商业街和老北京居民的"饮食起居"相关，受清朝时的影响，有一段时间鼓楼是以满族人为主的生意。民俗专家满恒先生曾在《后门桥与"桥儿满"》一文中写道："后门桥的老北京味不同于大栅栏的商贾气，也有别于天桥的市井风格。它的京味更多地表现为字画、鼻烟壶和那渐行渐远的'老礼'。"这种京味一直持续多年。后来，随着地安门百货商场、地安门副食商场、新路春饭庄的狗不理包子铺、鼓楼市场以及一些著名的老字号相继在鼓楼开张，鼓楼地区变得规整起来。

对于北京传统小吃的爱好者来说，鼓楼算是最后的圣地。在鼓楼小吃店吃一碗醇酸的豆汁儿配炸得金黄的焦圈；热气腾腾的糊塌子和麻豆腐，味倍儿蹿。绝对不可错过的是有着几十年历史的老字号姚记炒肝，这家老店接待过很多名人，除了炒肝之外，还有豌豆黄、卤煮、炸灌肠、炸咯吱等各种北京小吃。

自元朝开始的文化遗存

鼓楼附近的胡同是老北京人最古老的记忆，登上鼓楼可以远眺青灰色的老北京世界，偶然一群鸽子飞起，鸽哨声嗡嗡作响，划破云层。这所有的风景里都埋植着北京城的脉搏和记忆，在清晨的薄雾里跃动不止，在傍晚的夕阳里逐渐沉厚而凝重。如果有时间，在鼓楼附近的胡同走一走，感受那种接地气的生活。在钟鼓楼的西侧，便是胡同扎堆的地方，被鼓楼西大街与后海的大部分地区相隔开来，像一块孤立的三角地，默默守候在鼓楼的西侧。揭开历史的画卷，没有人能想象得出来，这几条被很多人所忽略的胡同，历史最早可追溯到元朝，胡同里不仅建有诸多的寺庙，还有名人故居，值得让人一探究竟。

西绦胡同最早出现在明张爵所著的《京师五城坊巷胡同集》中，到了清代依然在沿用西绦的名字。事实上，西绦胡同在元大都建设初期就有了，明朝时期，因城北的城墙向南移动，西绦成为内城最北侧的一条胡同，成为当时人们来往东西两城最主要的通道。西绦胡同东口，有一条小胡同叫作双寺胡同，因寺而得名。明成化元年（1465年）神宫监太监刘嘉林住在这一带，他把自己的住宅捐出来，建成了寺院，皇帝赐名"广济寺"。明成化十六年（1480年），又有一位比较有权势的太监刘祥出资，把寺庙改建为两座寺庙，东边的是嘉慈寺，西边的依旧沿袭旧称广济寺。明万历年间，寺庙屡次重修，赐名为双寺，寺庙所在的胡同即被称为双寺胡同。现在广济寺依然存在，而嘉慈寺已荡然无存。在保护文物的前提下，广济寺后改为四合院酒店。庆幸的是，这里仍保留着原寺庙的四进格局，坐北朝南。现存前殿、中殿、后殿、后罩楼等建筑及碑碣，1989年被西城区政府公布为区级文物保护单位。

位于小石桥胡同内的盛宣怀私邸被改为对外开放的酒店。

小石桥胡同西行二百多米，就是亭台楼阁、曲径通幽的"竹园宾馆"。这家宾馆之前是清朝著名的洋务运动活动家和企业家盛宣怀的老宅，新中国成立后，国家副主席董必武也曾在这里住过八年。对于盛怀宣，很多人都不陌生，他曾担任过清末时期的内阁大臣，思想开明，办过铁路、航运、电报、煤矿等企业，还创办了北洋大学（现天津大学）、上海交大、中国通商银行、中国红十字会等机构，从事慈善事业，组织成立民间慈善机构，发动企业捐款赈灾济贫。

大石桥胡同61号院，在明万历九年（1581年）建了一座寺庙，名为护国报恩千佛禅寺，后来清雍正十二年（1743年）四月奉敕重修，被赐名为拈花寺。现在拈花寺仅存几座大殿，被工厂占用。相隔不远的23号是明景泰二年（1451年）在真武庙的旧址上兴建的妙缘观旧址。

对于鼓楼东侧的草厂胡同，胡同12号是万宁寺遗址。万宁寺是元代第二个皇帝元成宗铁穆耳创建的，当年规模宏大，范围包括今天的鼓楼一带，是大都中轴线最北端的建筑群落。

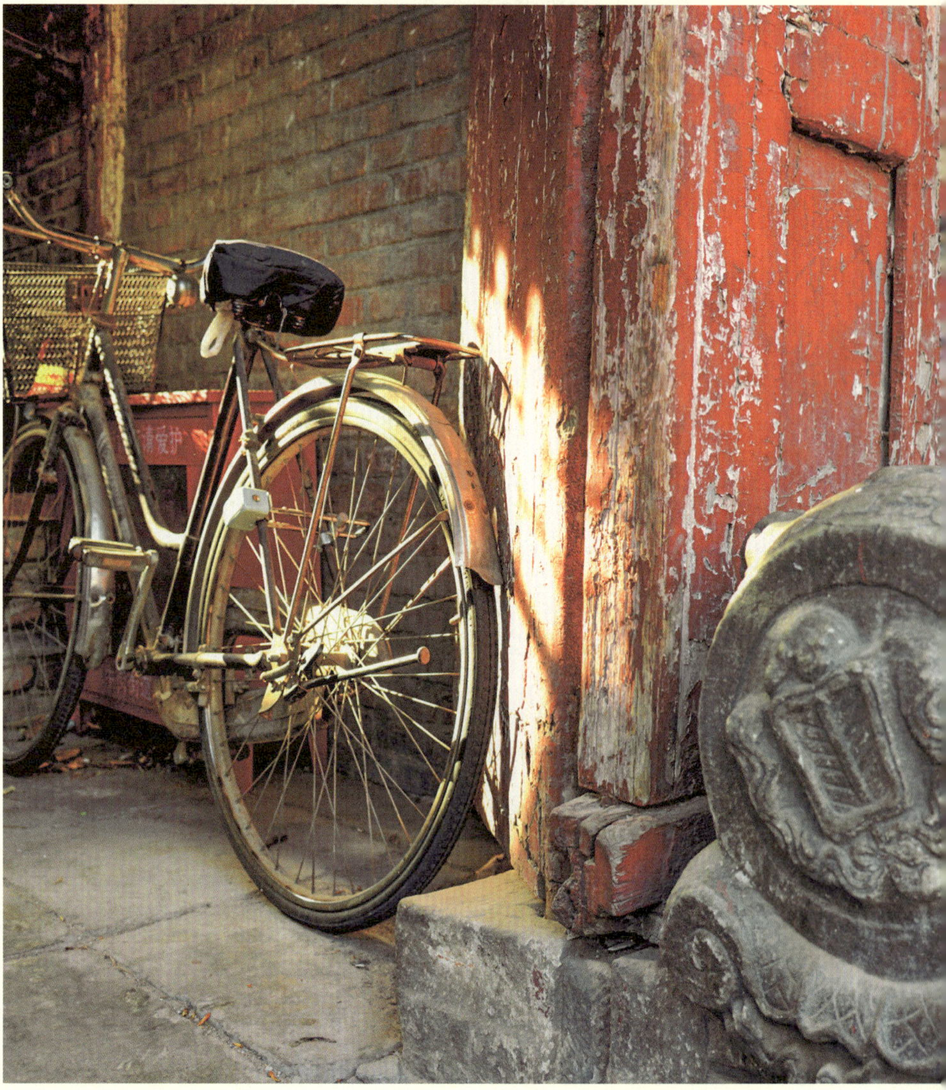

第五章

文人墨客的故居年华

胡同是很多有影响力的政客、作家、诗人以及各界名流曾经生活的地方,可以说,在胡同这片灰色砖瓦的世界里,除了建筑的历史价值,也记录着北京城的历史与文化变迁。

胡同　皇城根儿下的老北京

PART 01
什刹海的旧居与文学的故里

老舍先生曾在《想北平》中这样写他曾经居住过的什刹海:"面向着积水潭,背后是城墙,坐在石上看水中的小蝌蚪或苇叶上的嫩蜻蜓,我可以快乐地坐一天,心中完全安适,无所求也无所怕,像小儿安睡在摇篮里。"老舍把"什刹海"作为许多小说及故事的发生地,探寻其中,会发现老舍先生笔下的风景正是胡同的一道道缩影。

✕ 迷人的什刹海在七百多年中,是很多名人名家的理想居住地。

什刹海的胡同有六十多条，最早的形成于元代，今日依然有一万多户居民居住。很多历史风云人物想必也如老舍先生那般钟情什刹海的碧水云天，将住处安置于某条不起眼儿的胡同中。

纳兰性德吟诗作赋的"渌水亭"

清朝诗词大家纳兰性德有篇词作《金人捧露盘·净业寺观莲有怀荪友》写的就是什刹海景色："藕风轻，莲露冷，断虹收。正红窗，初上帘钩。田田翠盖，趁斜阳，鱼浪香浮。此时画阁，垂杨岸，睡起梳头。旧游踪，招提路，重到处，满离忧。想芙蓉，湖上悠悠。红衣狼藉，卧看桃叶送兰舟。午风吹断江南梦，梦里菱讴。"

纳兰性德的父亲明珠是清康熙时的朝廷重臣，在什刹海建有明珠府（清同治时期成为醇亲王府），纳兰性德把其中属于自己的别业命名为"渌水亭"，这就是今天的恩波亭。纳兰性德非常喜爱渌水亭，把自己的著作题为《渌水亭杂识》。据说他生性淡泊，不喜欢官场，经常邀请文人雅士在渌水亭喝酒、吟诗、作赋，这里成为一个当时知名的文化据点。

在什刹海畔居住过的历史上的文化大家，除了纳兰性德，还有元代大书法家赵孟頫，明代文渊阁大学士李东阳、米万钟及诗人三兄弟袁崇道、袁中道、袁宏道，但因年代久远，有些故居已无法考证了。

郭沫若故居，恭王府旁"沧海遗粟"的马厩

从恭王府南侧胡同拐到前海西街，就到了昔日恭王府的马厩。民国年间，恭亲王的后人把王府和花园卖给了辅仁大学，把马厩卖给达仁堂乐家药铺（同仁堂前身）作为他们的住宅。说是马厩，其实是一座带有套院和跨院的四合院，非常规整和舒适。新中国成立后，乐家把这座私宅贡献给了国家，四合院先是作为蒙古国的大使馆，后来先后成为宋庆龄和郭沫若的办公室。1963年10月，郭沫若先生搬到这里居住，一直到1978年6月12日逝世。此后，四合院被保护起来，成为郭沫若故居，由邓颖超书写牌匾。

故居院内有一株郭老亲手种植的"妈妈树"。1954年，郭老的爱人于立群患了重病需要去外地治疗。在她离开北京后的第二天，郭老带着孩子们从西郊的大觉寺移植了一棵银杏树树苗回来，郭老给银杏树起名为"妈妈树"，希望妻子早日战胜病魔，回到孩子们的身边。后来搬家到什刹海，郭老把这棵树也移植了过来。

× 郭沫若故居中的庭院

银杏树下是草坪，草坪上是一座郭沫若的全身铜像，再向里是垂花门，东西有厢房，东边还有一个跨院，保存着大量郭沫若的手稿、图书等珍贵资料。在西厢房，有一个题为"沧海遗粟"的木匣，这只木匣曾经收藏着郭老在日本时所有珍贵的研究资料。1937年，当时还在日本的郭沫若秘密回国，为了避免日本军国主义的审查，他把在日本期间的所有珍贵手稿都放在这个木盒里，托朋友代为保管，自己一个人悄悄回国。直到1957年，木匣才被朋友送回到郭老的身边，郭老感慨万千，写下"沧海一粟"，并记述了木匣几经辗转回国的经过。

白米斜街里隐匿的历史传奇

白米斜街东西走向，出胡同西南口就是荷花市场。早年间，这里还坐落着一座白米寺。学者王铭珍曾对白米斜街做过考证："白米斜街最早是什刹海南岸，只有坐南朝北的房屋，屋前临水（岸）。后来，什刹海水位下降，水面缩小，什刹海南岸建筑逐渐向北推移，这才出现了白米斜街。到了清代末年，路北的房子差不多就连成一片了。但此时的房子是后山墙连水面。以后，什刹海的水域陆续收缩，便出现了什刹海前海南沿。"

在白米斜街的路北有一处大宅，清光绪三十三年（1907年）夏，担任湖广总督的张之洞奉旨进京，担任军机大臣，于是这处房产就成了他的府邸。自此张之洞一直居住在此，直到宣统元年去世，时年73岁。

张之洞与曾国藩、李鸿章、左宗棠并称晚清"四大名臣"，是洋务运动的领袖。自1889年起，他担任湖广总督，在武汉的十多年里，他创办汉阳铁厂、大冶铁矿、湖北枪炮厂、督办粤汉铁路,宣扬"中学为体,西学为用"的洋务派理论,可以说,他对武汉的影响直到今天还在持续。他创办的自强学堂,便是武汉大学的前身。张之洞来北京时已经71岁了,白米斜街的这处府邸当时颇为破旧,为了让张之洞一家可以居住得舒适,当时的湖北善后总局专门拨款两万两白银,不仅对老宅院进行了彻底修缮,还新建了砖木结构的二层观景楼。登上观景楼,可以俯瞰什刹海的荷花池,以及远处的钟鼓楼。而今,虽然张之洞的住宅已经成为大杂院,但是庆幸的是,这处观景楼依然存在,此外依然有迹可循的是门外的照壁、上门石和八字门墙。

20世纪30年代初,清华大学教授、哲学家冯友兰购买了张之洞的这座旧宅,同时搬来的还有冯友兰的堂妹冯兰和妹夫——著名哲学家张岱年。后来,冯友兰又邀请好友徐旭升、常维均两家也搬过来住。不久后,李戏渔以及李霁野也被邀来小院居住。当时李戏渔在辅仁大学任教,住在垂花门外南屋,李霁野是鲁迅先生的助手。在抗战胜利之后,冯友兰将闻一多先生的遗孀和儿子接到这里居住,没有收取一分费用。

白米斜街还住过很多名人。1947年,在23号院曾经住过一位衣着朴素的刘太太。她就是深居简出、隐姓埋名的末代皇妃文绣。她只租住了其中的三间南房,与街坊四邻和睦相处。文绣和溥仪离婚后,饱尝了人世间冷暖。后来,文绣和再婚的丈夫刘振东离开白米斜街,搬到了辟才胡同一间10平方米的小房子,于1953年因心脏病突发去世。

什刹海Citywalk指南

- 宋庆龄故居
- 醇亲王府(潡水宫)
- 北京中轴线北起点
- 豆腐池胡同
- 草厂北巷
- 铃铛胡同
- 钟楼
- 草厂胡同
- 鼓楼 / 鼓楼东大街
- 烟袋斜街
- 大石碑胡同
- 小石碑胡同
- 银锭桥
- 万年胡同
- 后海北沿
- 后海南沿
- 后海
- 鸦儿胡同
- 鼓楼西大街
- 羊房胡同
- 糖房大院
- 德胜门内大街
- 柳荫街
- 西煤厂胡同
- 大翔凤胡同
- 北官房胡同
- 前井胡同
- 后井胡同
- 大金丝胡同
- 南官房胡同
- 敕建火德真君庙
- 金锭桥
- 后门桥
- 婉容故居
- 恭儿胡同
- 杨梅胡同
- 东不压桥胡同
- 地安门外大街
- 海贝勒府
- 恭王府
- 北京辅仁大学旧址
- 鸦儿胡同 / 鸦儿胡同
- 后海西街
- 三座桥胡同
- 郭沫若故居
- 荷花市场
- 前海
- 前海南沿
- 前海西街
- 白米斜街
- 张之洞故居
- 玉河故道遗址公园
- 庆王府
- 梅兰芳纪念馆
- 定阜街
- 德胜门内大街
- 地安门西大街
- 北海公园
- 地安门东大街

北

PART 02
沙滩后街，京师大学堂与文化的革新

静谧安静的沙滩后街，仿佛是城市中的一块桃花源。在这里，你看不到因工作而行色匆匆的人们，也看不到与时尚叠织的影子，偶尔，公交车驶过，打破这片寂静。在这条长323米的街上，坐落着清朝光绪皇帝在接受康有为、梁启超的变法主张后开设的京师大学堂，它是北京大学的前身，

✕ 沙滩后街上的建筑，可惜不对外开放。

因为它的存在，这一带曾经是很多文化名人的工作与生活地。

这条街最初叫马神庙街，隶属于紫禁城，明朝内廷十二监之一的御马监就坐落在今沙滩北街2号院一带。明正统十一年（1446年）在御马监北侧一墙之隔修建了马神庙，每年的六月二十三日为马神祭日，朝廷会派钦差到此祭拜马神。新中国成立后，马神庙街曾被改名叫景山东街，后来因为和东老胡同合并在一起，改称为沙滩后街，它的北侧是大学夹道，南侧是西老胡同。

京师大学堂和北大红楼

说到京师大学堂的历史，便不得不提及清朝乾隆皇帝的四公主和硕和嘉公主，她与驸马福隆安的府邸位于沙滩后街，被称为和硕和嘉公主府。可惜的是，和硕公主在婚后第七年便因心脏病去世。公主去世后，公主府被内务府收回，福隆安带着孩子回到父亲傅恒的府邸居住。自此，和硕公主府一度衰落。清光绪二十四年（1898年）六月二十日，光绪皇帝与他的几位心腹大臣久经筹划的京师大学堂开学，校址定在和硕和嘉公主府。光绪皇帝命令当时的吏部尚书、协办大学士孙家鼐担任京师大学堂的首任管理学务大臣，李鸿章和孙家鼐向光绪举荐了美国传教士丁韪良作为这里的西学总教习，由此，京师大学堂成为中国西学的鼻祖。

庚子之变后，京师大学堂新的管理者换成了张百熙，他对整个京师大学堂进行了完善和提升，不仅恢复了因庚子之变而停掉的所有课程，还新建了二百多间教室和宿舍。当时，公主府花园隶属于内务府，张百熙却设法在此建了一百多间校舍，还增建了操场，这样一来，京师大学堂的规模一下子扩大了很多。1912年，清朝最后一位皇帝溥仪退位，经过很多人的努力，京师大学堂被保留了下来。1912年5月，京师大学堂被更名为北京大学，严复成为北京大学的第一任校长。

在办学之初，学校一度成为当时权贵后代的专属学校，导致学校管理非常混乱，学生们也不思进取。为了改变这种局面，1917年，北洋政府教育总长范源濂邀请蔡元培先生回国担任北京大学校长。虽然当时蔡元培已年近半百，但依然怀着一颗赤诚之心，要为中国的教育做出贡献。任职后，蔡先生顶着各方压力，开始了大刀阔斧的改革，他按照西方的教育制

✕ 北大红楼

文人墨客的故居年华

度,将北大分为文、理、法三院,在原来的东宅建了一座四层红楼作为文学院,聘请陈独秀为文学院的院长。这座红楼就是五四爱国运动的发源地——北大红楼。在红楼里,蔡元培设立了一座颇有水准的图书馆,图书馆的主任是李大钊。陈独秀将在上海创办的《青年杂志》也迁到北京大学红楼里,更名为《新青年》,当时李大钊、鲁迅、胡适都是《新青年》的编辑。《新青年》成为中国新文化运动发展历史上不可忽略的刊物。

彼时,蔡元培先生凭借自己的慧眼广邀人才,鲁迅、胡适、刘半农、马寅初、梁漱溟、辜鸿铭等纷纷加入北大的教师队伍,其中,最神奇的莫过于梁漱溟。梁漱溟当时只有24岁,本是一名想要考取北大却未被录取的年轻学者,但是蔡元培先生阅读过他发表在上海《东方杂志》上的一篇佛教哲学的文章《究元决疑论》后,就认定梁漱溟是一位人才,于是决定聘请他来北大任教,主讲印度哲学。

如今,北大早已迁移到海淀的校址,旧址的大部分都被分割成不同的单位,保存最完整的数学楼是一座西式的二层小楼,如今作为办公室仍在使用。而北大红楼,在2014年与原北京鲁迅博物馆合并,成为北京鲁迅博物馆,包括鲁迅博物馆馆区和新文化运动纪念馆馆区。

中老胡同32号院

中老胡同32号院这样一个不知名的小院,曾经密集地居住了北京大学历史上知名的三十多位教授,可惜的是,而今院落已经不复存在了。中老胡同距离公主府很近,自公主府对面的西老胡同一直向南走,走到头向东一拐就是。

1946年,北京大学在西南联合大学的使命结束后迁回北平,回到了沙滩老校址。老北大的训导长、教务长,文、理、法、工学院的院长,以及哲学、西方语言文学、数学、化学、植物、地质、法律、电机等系的系主任,都曾居住在中老胡同32号院,这些人当中有梁思成、朱光潜、冯至、沈从文等。

朱光潜先生的后人曾这样记录当时的生活:"晚饭后家中客厅常是高朋满座,同院的沈从文、贺麟、冯至、陈占元及住东斋的常风等是常客。

✕ 沙滩后街59号院门口,向内走是京师大学堂旧址,这个院落也是北京大学马克思学说研究会的活动场所——亢慕义斋旧址。

他们谈文学、诗歌，很热闹。父亲也常应朋友之约出外应酬。他喜欢喝点酒，曾自豪地说过，一次三个人喝过两罐绍兴酒，不过母亲跟着补充了一句：醉得让人抬了回来。""妹妹小时身体不好，常在院子里晒太阳。父亲空闲时就坐在门前台阶上拿着书给我们讲《聊斋志异》、古诗，也让我们背一些唐诗，高兴时也会抑扬顿挫地吟诗。"由此，我们可以想象当时的小院生活充满了文学氛围，这些中国现代教育界的先驱们在艰苦的条件下，过着简朴却充满诗意的生活。

梁思成与林徽因设计的北京大学地质学馆

在沙滩北街15号，一幢不对称的灰色三层小楼掩映在爬山虎的叶子里，在今天五光十色的设计新浪潮中显得颇为平淡无奇，但这幢楼在中国现代建筑史上却有着与众不同的地位，它就是由梁思成、林徽因设计的北京大学地质学馆，于1935年8月建成。

1930年，蒋梦麟出任北大校长，上任之后就把北大老校区北侧的嵩公府全部买下。嵩公府之前的主人是傅恒，傅恒的姐姐是乾隆皇帝的第一任皇后孝贤纯皇后，傅恒本人也能文能武，高瞻远瞩，是不可多得的军事人才，被封为一等忠勇公、领班军机大臣加太子太保、保和殿大学士。乾隆特赐富察家可以建宗祠，也就是嵩公祠。蒋梦麟把嵩公府全部改建成为北大的新办公楼，增加了图书馆、宿舍楼，而嵩公祠则被改建成了地质学馆。

从外表看来，地质学馆没有做很特殊的装饰，线条微微曲折，只是为了打破立面的平直感，但在很多细节上，可以看出在当时有限的资金下，梁思成和林徽因为这座楼费尽了心思。他们在尽可能减少建筑经费的条件下，在窗间的墙上用砖块切出凸凹横线、把楼梯扶手和墙角做成弧线，在整体上形成明快简洁的现代风格。地质学馆一建成，就被北大地质系使用，北大地质系成为北大历史上第一个拥有独立教学实验楼的理科系。

此前，院内还保存着乾隆敕建碑，内容为傅恒征伐金川的功绩。1986年，这块碑被移至北京石刻艺术博物馆收藏。

PART 03
老舍故居，被写进故事中的小院

老舍先生是地道的北京人，生于斯，逝于斯，他用文字留住了北京，也留住了过去，令人沉湎于其所描绘的浓郁与纯粹的传统北京生活中。老舍先生在北京搬过几次家，他所居住过的几座小院散落于京城各处，成为人们对这位伟大作家的追忆之地。

西四的"小羊圈"胡同

老舍先生原名舒庆春，字舍予，在《小人物自传》里老舍描述了自己的出生地——小羊圈胡同。老舍先生出生于1889年2月3日，农历腊月二十三，民间传说灶王爷上天的日子。家人给他起了一个喜庆的名字——"庆春"。如今小羊圈胡同仍在西四大街上，新街口以南，被更名为小杨家胡同。老舍先生的出生地小杨胡同8号（原5号）已经被保护了下来。

胡同口很窄，一棵粗壮的枣树满目青翠，从院子里探出身来，这里就

小杨家胡同的胡同口依然狭窄。

是《四世同堂》所发生的故事背景。老舍先生这样描写这条小胡同："说不定，这个地方在当初或者真是个羊圈，因为它不像一般的北平的胡同那样直直的，或略微有一两个弯儿，而是颇像一个葫芦。通到西大街去的是葫芦嘴和脖子，很细很长，而且很脏。葫芦的嘴是那么窄小，人们若不留心细找，或向邮差打听，便很容易忽略过去。"

丰盛胡同里的丹柿小院

著名的丹柿小院，位于王府井灯市西口的丰富胡同。丰富胡同很窄，也很安静。

小院门朝东，入门是端正的青砖门楼，两扇黑漆小门半闭半掩。进院是条小小的过道，尽头是一棵高大的香椿树和五彩木影壁。绕过影壁，两

✕ 丰盛胡同中的老舍故居，一切都保持着原貌。

棵五十年树龄的老柿树满树青碧、枝叶繁茂，柿荫、碧草让这个简朴的四合院生机盎然。

老舍先生在这里居住了十六年。西耳房光线暗淡，在屋内简陋的书桌前，他写下了《方珍珠》《龙须沟》《茶馆》等几十部话剧、杂文和诗歌。除了写作，老舍先生爱花草、爱画、爱酒。1966年8月24日老舍先生投湖自尽，多年后，老舍夫人写下这样的句子："几度团圆聚又散，何处居停是桃源，伤心京华太平水，湖底竭时泪不干。"

从丹柿小院里出来，从灯市西口向北走一站地，就是人民艺术剧院。剧院里时常会上演老舍先生的诸多话剧，这多么像一个必然的巧合。

PART 04
史家胡同，往日故事与历史光阴

史家胡同东起朝阳门南小街，西至东四南大街，不到八百米长，却坐落着八十多个大小不一、规划整齐的四合院。在这些四合院里，曾住过的很多声名显赫的历史人物。从1号到55号，先后住过臧克家、俞启威、焦

※ 冬季的史家胡同，色彩丰富的门楣彰显着这条胡同的与众不同。

菊隐、夏淳、于是之、凌叔华、傅作义、王炳南、荣毅仁、章士钊、李维汉等，帅孟奇、邓颖超、康克清等曾在此办公。清朝时，出过四代翰林的英和一家也住在这里。历史学家们认为，它是一条代表北京民间建筑、讲述中国历史的胡同。

史家胡同在元朝时就已经存在，据说当时并不叫史家胡同；到了明朝，因为胡同里居住过姓史的大户人家，所以更名为史家胡同。在《京师五城坊巷胡同集》中，史家胡同的名字便赫然出现。另有一种说法是，因为史家胡同是抗清名将史可法的祖宅所在，所以以史家为胡同命名。胡同里59号，确实是史家宗祠的所在地。

无论史实还是传说，这些不同时期的历史人物共同聚集在一条胡同里，与这条胡同的光阴一起共生，连接和跨越了不同时代。

20号，北京人艺的摇篮

1949年新中国成立，当时的华北文工团搬进了北京城，入住史家胡同20号。这个院落比其他的院落都大，有三进，很适合文工团的排练和演出。三年后，1952年6月12日，当时的北京市副市长吴晗来到这里，宣布新北京人民艺术剧院成立，任命曹禺为院长，焦菊隐、欧阳山尊为副院长，赵起扬为秘书长。此后，焦菊隐、夏淳、于是之等建院元老在这里生活、工作了大半辈子，人艺许多早期的经典作品都曾在这里排练。

24号，小姐家的大书房

清末官员凌福彭在军机处担任军机章京，他思想新派，不仅大力支持康有为的戊戌变法，而且在子女的教育上也非常开放。他从不轻视女子，培养出了民国知名的"大小姐"——当代文学家凌叔华。

1898年9月21日，戊戌变法失败，随之八国联军侵略北京，凌福彭携带全家躲到怀柔，后来被袁世凯请出担任天津知府。袁世凯复辟失败之后，凌福彭就此退隐，生活在史家胡同24号，写诗画画，经常邀请京城有名的书画大家到家里做客，于是其女凌淑华的学识和才艺得到京城各界名流的教导。她的绘画曾得到齐白石的亲自指点，她的英文老师是精通多门语言、取得过十三个博士学位的清末翻译家辜鸿铭。1921年，凌叔华考入燕京大学，她向周作人毛遂自荐，立志要成为一位女作家。

在史家胡同时的凌叔华，热情果敢，像父亲一样经常邀请文人朋友来家中做客。一时间，这座大宅院的书房就成为京城文人聚会交流的热门场所。胡适、丁西林、徐志摩、林徽因、周作人、齐白石、陈师曾、陈半丁、姚茫父、萧俊贤经常到访。1924年春，诗人泰戈尔到北京访问，北大指派徐志摩和陈西滢接待，凌叔华的家就成为接待的首选地。凌淑华亲自做了很多小点心来招待这位文豪，而泰戈尔在一片檀香木片上为凌叔华画了莲叶和佛像，并且对她说："多逛山水，到自然里去找真、找善、找美，找人生的意义、找宇宙的秘密。不单单黑字白纸才是书，生活就是书，人情就是书，自然就是书。"

凌叔华先后出版过很多散文和小说，与陈西滢结婚时，史家胡同24号的院落成为父亲给她的陪嫁。婚后，凌淑华陪丈夫定居英国，老年时选择回归故里，病逝北京。临终之前，她躺在担架上，由女儿和外孙护送回史

✕ 昔日的"小姐家的大书房"是今日史家胡同博物馆的所在地。

家胡同的老宅。这座宅院被凌淑华的后人捐献给了国家,现在成为史家胡同博物馆的所在地。

洪钧与章士钊曾住过的 51 号

51号院最早是清末外交大臣洪钧的宅子,洪钧是清末同治七年(1868年)的戊辰科状元,先后担任过湖北学政、内阁学士、兵部左侍郎等职务。光绪十三年(1887年),洪钧携带自己的姜室傅彩云出国,先后担任俄国、德国、奥地利、荷兰等四国外交大臣。洪钧死后,曾为苏州名妓的傅彩云重操了旧业，改名赛金花。后来，这座大宅院曾是山东抗日名将李树春中将的私邸，新中国成立后先后成为越南驻中国大使馆、香港《大公报》驻地。1960年，周恩来总理安置章士钊一家在此居住。

章士钊是中国近现代史上著名的学者，辛亥革命后曾任民国政府教育总长等职，其间资助过同乡学子毛泽东等人。新中国成立后，章士钊任全国人大常委会委员、中央文史馆馆长。1960年，章含之随父母搬进去居住，并在此与乔冠华成婚。1984年，该院成为北京东城区文物保护单位，章家后人将此处房产归还给了外交部。

59号的左翼宗学

左翼宗学，是史家胡同历史上的一个颇具魅力的地方。自清顺治年间开始，这个学堂就存在了，当时是招收皇族弟子的官办学堂。到了雍正年间，以八旗子弟所在的不同旗划分为左翼宗学和右翼宗学，凡是在旗的子弟都被称为宗室子弟。左翼是镶黄旗、正白旗、镶蓝旗、正蓝旗四旗，右翼是正黄旗、正红旗、镶红旗、镶蓝旗四旗，左、右翼各设一处宗学，学习的内容有清书、汉书以及骑马、射箭等。

在清末，左翼宗学成为庚子赔款的游美学务处，想要去美国的人都要在这里进行选拔和考试。第一次考试是在1909年8月4日，第二次考试是1910年7月，当时参加考试的有四百多人，胡适就是这批考生中的一位。他回忆道："那一天，有人来说发榜了，我坐了人力车去看榜，到史家胡同时天已黑了。"除了胡适，气象专家竺可桢、音乐家与语言学家赵元任也是从

✕ 史家胡同内的任意一家民居，都是曾经的深宅大户。

✕ 史家胡同旧貌，摄于史家胡同博物馆。

这里中榜后相继到美国留学的。而今，昔日的学堂成了史家小学。

史家胡同，几乎处处是历史，处处是记忆。53号也是史家胡同一处保存完好的大院落，1974年曾经是国务院副总理华国锋的住宅，1984年，被改为好园宾馆，"好园"二字是邓颖超的题词，意为女子园。可惜2020年的一场疫情，好园宾馆不得不闭馆，园内的一派古韵风貌被隐藏在灰墙之后。55号院，是中共元老李维汉的故居，现在是外交部的宿舍；31号院，是中央美术学院副院长罗工柳的住宅，他曾主持设计了第二、第三、第四套人民币；34号院，住过石仁志，原铁道部副部长、中国科学院院士，也是铁路机车车辆工业的组织者和开拓者；35号院，住过原国民党中将周体仁，曾任北平警备司令，随傅作义起义；44号院，住过李天佑，1955年，被授予上将副总参谋长。

PART 05
鲁迅故居，漂泊人生的四处住所

　　鲁迅曾经在北京的四处地方居住过：南半截胡同的绍兴会馆、西直门八道湾11号、砖塔胡同61号、阜成门宫门口西三条21号，最后一处有知名的"老虎尾巴"——鲁迅的工作室兼卧室。这四处胡同与小院，断断续续出现在他的作品中，成为这位伟大文学家漂泊人生的生活见证。

宫门口胡同的"老虎尾巴"

　　从阜成门内北街向北走一会儿，便到了宫门口三条，再往里走几步路就会看到鲁迅博物馆壮观的大门。博物馆1956年落成，展厅以原木色、白色、黑色为主调，陈设、灯光、布局都很讲究。鲁迅的遗物周家基本没有保留，全部由鲁迅先生的遗孀许广平捐赠。鲁迅的儿子周海婴曾对此抱怨，因为就连父亲点名给儿子留下的《两地书》，周海婴也没见过。

　　出博物馆的西门，便是鲁迅故居。周家兄弟反目之后，鲁迅搬离八道湾，几经辗转才借钱购买了这处一度破败的小院。故居分前后两院，前院

鲁迅先生亲手种植的丁香树已长成一株枝丫繁多的老树。

的三株丁香树和后院的黄刺梅是1925年4月5日鲁迅请琉璃厂云松阁的花匠种植的，而今依然生机勃勃。

三间北房后面接出一间不到十平方米的斗室，活像一条尾巴，有个可爱的名字叫"老虎尾巴"，鲁迅称它为"灰棚"，并说："这是房子中最便宜的一种。"鲁迅先生的工作室兼卧室就在这里，和许广平感情也在这里开始。鲁迅先生在这间灰棚里经常写作到深夜甚至天亮。他在《秋夜》中这样描绘："在我的后园，可以看见墙外有两株树，一株是枣树，还有一株也是枣树。"可惜那因《秋夜》而闻名的枣树，早已枯死，而绿草、花椒树、丁香树都在。

绍兴会馆，鲁迅先生的槐树院子

从菜市口大街进到南半截胡同，7号就是绍兴会馆。院子破败失修，门口涂着喜气的红色油漆。会馆于1826年清道光年间建成，旧称山阳会稽两邑会馆，主要招待山阴、会稽两县进京赶考的举人。

鲁迅先生在这个小院里居住了七年，曾经写下《狂人日记》《孔乙己》《药》《一件小事》，尤其是1918年5月发表的《狂人日记》，是中国现代文学史上的第一篇白话小说。鲁迅先生经常摇着蒲扇在那棵槐树下乘凉休息。他在《呐喊》的自序中写道："从密叶缝里看那一点一点的青天，晚出的槐蚕又每每冰冷地落在头颈上。"如今院落早已找不到昔日的诗意与创作的激情，鲁迅笔下的那株古藤也早已不存，老槐树也不见了踪影。

八道湾的周氏四合院

1917年，鲁迅先生向北大校长蔡元培推荐了弟弟周作人为北大文科教授兼国史编纂员。最开始，周氏兄弟相处非常和睦，鲁迅先生在日记中有很多记述，他写到哥俩经常"翻书谈说至夜分方睡"。周作人的日记也写道："至四时睡。"1919年年底，周氏兄弟在西城新街口的八道湾胡同买下了一套四合院，这套院子总价3500元，加上中保费、购置税、装修费，总共用了约4400多元，是鲁迅先生在北京的第一处房产。

二人从绍兴会馆搬了过来，搬过来不久鲁迅就启程回绍兴，接母亲、夫人朱安以及三弟周建人一家来京居住。后来鲁迅先生在这里创作出《故

✕ 南半截胡同内的绍兴会馆

乡》《阿Q正传》《呐喊》以及《中国小说史略》上卷等传世经典。蔡元培、郁达夫等经常到此做客，一时间，这座藏身于七拐八拐胡同中的小院，成为一处文人的聚会之地。

　　但谁也没有想到的是，1923年7月19日，周作人亲自给鲁迅送过来一封绝交信。这封绝交信使鲁迅产生了无尽的悲凉与愤懑。后来鲁迅在他的日记中记述："后邀欲问之，不至。"因此事，鲁迅从八道湾搬走，而周作人在八道湾11号居住了大半个世纪，并将书房改名为"苦茶庵"。现而今，人们似乎忘记了这里曾经是周作人最长久的一处居住地，而改名为"鲁迅纪念馆"。

砖塔胡同里的如梦烟云

距离八道湾不远的西四南大街，也是砖塔胡同的东口。西四大街的繁华使匆匆而过的路人很容易就忽略这条狭窄的胡同，殊不知，它也曾声名显赫过。

元朝时，砖塔胡同一带是繁华的街市，在元人李好古的杂剧《张生煮海》中侍女有一段唱词："你去那羊市角头砖塔胡同总铺门前来寻我。"而"羊市"胡同，就是砖塔胡同旁边的羊肉胡同。元朝刚刚定都北京时，"砖塔"并不是胡同的名字，胡同里居住着一位博学多才的禅师，他是河北磁县大明寺雪岩满禅师的弟子，自称万松野老，人们都称呼他为万松老人。元世祖和大臣耶律楚材非常仰慕禅师的声望，经常来这里听他讲解佛法。元世祖为了纪念师徒之情，还将宫中承华殿的古筝和"悲风"乐谱赠给了禅师。禅师圆寂后，元世祖又为他建了一座朴素别致的砖塔，这座塔北侧的胡同也因此而命名。

自此之后，砖塔胡同一直都是京城非常热闹的地方，元曲、杂剧都在这里演出，砖塔胡同附近的袋底胡同、钱串胡同、玉带胡同都有戏院勾栏。到了明代，因为在本司胡同和演乐胡同成立了专门管理音乐戏曲事物的教坊司，砖塔胡同便失去了往日的风采。清朝时，这里成为神机营所辖右翼汉军排枪队的营地。1923年8月2日，鲁迅先生搬到这里，住在61号，但过了九个月后，鲁迅先生便携妻子再次搬迁。而今，61号的大门紧闭，似乎没有人知道，这里曾经居住过中国文坛上的一位巨人。

如今的砖塔胡同安静舒适，居民们悠然自得，很少有人知道，他们不仅和鲁迅先生做过邻居，老舍先生也曾在砖塔胡同南边的缸瓦市基督教堂里居住过。据说，老舍先生经常在胡同里散步，并把胡同里的生活写进他

✕ 砖塔胡同内的正阳书局陈列着这一带四合院门前的老门墩。

的小说《离婚》中。另一位喜爱砖塔胡同的作家是张恨水。抗战胜利之后,他从南京来到北平,筹备《新民报》时,买下北沟沿甲23号院。这座院子有四进,后门就在砖塔胡同的西口,后来被改为砖塔胡同43号(即今天的95号)。

PART 06
梅兰芳故居，缀玉轩里的粉墨人生

梅兰芳先生在他灿烂辉煌的京剧艺术生涯里，居住过的地方很多，第一处就是他的出生地，前门外铁树斜街，后来他又先后在百顺胡同、芦草园、无量大人胡同等地居住过。今天的梅兰芳纪念馆位于西城区护国寺街，梅兰芳先生在这里度过了他最后的十年。但最著名的梅兰芳故居要数无量大人胡同的旧居，那里最豪华、最有故事，是中外名流聚会的著名客厅，可惜的是，由于金宝街改造，故居被拆除了。

护国寺的梅兰芳纪念馆

沿着西四护国寺大街向东走七八百米，经过人民剧场、护国寺副食品商店就会看到位于路北的梅兰芳故居。红漆大门，白石门墩，院门口随意地停着自行车。走近看去，白石门墩上的小狮子已经模糊残破。

纪念馆的匾额题字出自邓小平，两进的小院落原来是清庆亲王府的一部分。进门的影壁前是梅先生的汉白玉半身像，带着温润平和的微笑。这

✕ 梅兰芳纪念馆的院落内房屋的制式和陈设,细节中可寻觅到昔日王府的考究和精致。

✕ 梅兰芳先生的审美展现在院落中的每一处细节之中,传统与现代、优雅而和谐。

文人墨客的故居年华 —— 149

位颇有学者风范的艺术家，创立了享誉海外的京剧青衣梅派，与俄国斯坦尼斯拉夫斯基创立的表演体系、德国布莱希特的演出流派，并称"世界三大戏剧表演体系"。他在舞台上扮演过杨贵妃、洛神、花木兰、穆桂英、金玉奴等角色。1951年梅先生全家迁入到此，直到1967年去世一直住在这里。

  东西厢房展示的是梅先生的遗作和他穿过的戏衣、用过的宝剑，以及珍贵的剧照。光手型就有近百种："含苞""露滋""斗芳""雨润"，每一种手势都有一个美妙的名字。北房正中明间是小客厅，小客厅的两侧是梅兰芳的书房，书房中悬挂着"缀玉轩"题字，梅先生自称缀玉轩主人。小客厅的东侧是梅先生夫妇的卧室，墙上挂着夫妇的合影。西厢房现辟为"戏剧艺术资料室"，藏有1965年梅夫人捐献的三万多种珍贵资料。

铁树斜街与百顺胡同

  西城区的铁树斜街，是北京市少有的一条斜街，金朝时，这条街就存在了。到了元朝，废旧的金中都到崭新的大都之间，老百姓选了一条最便捷的路线穿行——出金中都东北角的施人门（今虎坊桥附近），进元大都的丽正门（今天安门附近），由于这条街是斜的，人们就称呼它为斜街。但这条斜街在很长一段时间都没有正式的名字，直到街上有姓李的人家依靠卖铁锅为生，渐渐地"李铁锅斜街"这个名字就诞生了，但叫着叫着，又讹传为李铁拐斜街，直到1965年整顿街巷名称时，被改称铁树斜街。

  梅兰芳先生的祖父梅巧玲一家曾经居住在铁树斜街101号。1894年，梅先生就出生在这里。梅先生三岁的时候,父亲病故,他的叔父,当时京城著名的琴师梅雨田成为梅家的顶梁柱。1900年,全家搬到附近的百顺胡同,和京剧著名武生杨小楼为邻居。八国联军侵略北京时,因为百顺胡同的房子比较狭窄,不利于藏身,所以梅家全家又搬回铁树斜街。

旧时的铁树斜街非常热闹,街上不仅有广东肇庆会馆、广东肇庆西馆、延定会馆、山西襄陵会馆,还开有很多名噪一时的饭店,比如留香大饭店、远东饭店、清真饭庄同和轩、同益轩等,可想而知,这条街上是何等繁华和热闹。相隔不远的百顺胡同是八大胡同之一,这条胡同被载入史册的原因是,它称得上京剧的发源地之一,三大徽班之一的三庆班在百顺胡同起家,34号的"四箴堂"是"京剧老生三杰"之一程长庚的"堂号"。除了梅兰芳大师,京剧大师俞菊笙、戏剧大师迟月亭、老夫子陈德霖等的故居也在这条胡同里。而今,这两条毗邻而居的胡同身处闹市,却依然静谧。在街角,随处可见高大却破旧的门楼,都在默默倾诉着北京历史上这一段段不可被替代的岁月。

✕ 铁树斜街的养鸽住户,屋顶上的鸽笼在胡同中已渐稀少。

✕ 梅兰芳祖居，铁树斜街101号。

1912年，梅家又搬到鞭子巷三条居住。8月，梅雨田去世，梅兰芳开始承担起养家的重任，这年冬天开始，刚刚19岁的梅兰芳开始与知名须生谭鑫培合作，次年又到上海受到老生名角王凤卿的提携，由此开始了名角之路。

芦草园与无量大人胡同的梅宅

位于桥湾的芦草园胡同，也是京城戏曲艺术家们聚集的地方，在这条小小胡同方圆近一公里的范围内，曾经居住过五十多位京剧名家。芦草园胡同最初是一处偏僻的河岸，岸边到处都是芦苇，房屋依水而建，胡同沿着当年古河道的走向形成，因此这一带的胡同大多是弯弯曲曲的。1916年，作为梨园新秀的梅兰芳花费两千多银圆在这里购置了两座并联的四合院，共计二十多间房屋，一住六年，这就是如今的青云胡同29号院。这座院落很精致，门楣上有精致的雕刻。梅先生每天在这里吊嗓、排戏、读书、作画，逐渐被观众所熟悉，成为京城名角，从搭班唱戏到拥有了自己的班社，这所院落见证了梅兰芳事业的发展和转折。庆幸的是，这所院落被保存了下来。

1920年，梅先生在无量大人胡同24号购买了七个院落并将其全部打通，并修建了亭台楼阁和花园，成为梅家花园。梅家全家搬离了芦草园，入住到无量大人胡同，梅兰芳在此编排了许多新剧，如《霸王别姬》《洛神》《西施》等，并为新剧《红楼梦》拍摄了很多剧照。1930年1月，梅兰芳赴美演出72天，被美国两所大学分别授予文学荣誉博士学

✕ 芦草园胡同

位,享誉海外。而这座宅子,也成为梅兰芳先生寓居过最久的一处住宅,梅先生曾在这里接待过来自世界各地的友人,包括瑞典王储古斯塔夫六世夫妇。1932年,梅兰芳从北京迁居上海。1943年,迫于生计,梅兰芳卖掉了无量大人的宅院。可惜的是,1986年金宝街进行整体改造中,梅宅与花园被无情拆除。

PART 07
纪晓岚故居，紫藤花下的阅微草堂

历史学家考证说，纪晓岚是1771年左右搬进阅微草堂的，那时他已四十一岁了，刚刚结束流放，从新疆乌鲁木齐回到北京。大学士刘墉赏识他的才华，力荐纪晓岚为朝廷编书，由此他才慢慢获得了乾隆皇帝的信任，官至礼部尚书、协办大学士。纪晓岚在这里住到1805年去世，死后封谥号纪文达公。

纪晓岚与《四库全书》

纪昀，字晓岚，河北献县人，清乾隆年间的重臣。纪家数代都是官宦与学士之家，他的父亲纪容舒也是一位大学士。

大多数人知道纪晓岚是《四库全书》的"总编辑"，后来他更是因为一部《铁齿铜牙纪晓岚》电视剧而家喻户晓。修撰《四库全书》非常艰难，工程浩大，自乾隆三十八年（1773年）二月开"四库馆"，至乾隆五十二年（1787年）关闭"四库馆"，共经历了14年。仅《四库全书·总目提要》

就有200卷，正式收入库书3461种；存目书6819种，93500多卷。纪晓岚博学，阅读涉猎颇广，他在此居住期间，写过一部38万字的《阅微草堂笔记》。这部《阅微草堂笔记》体现了纪晓岚本人的风格和性格，后代学问家对《阅微草堂笔记》是非常推崇的，其中所述妖怪鬼狐、人事异闻、边地景物、名物典故杂然前陈无所不包。另外一部《纪文达公遗集》，是他的孙子纪树馨在他去世后编辑的。

几易其主的阅微草堂

纪晓岚故居坐落在宽阔敞亮的虎坊桥十字路口旁，走进珠市口西大街，只要看到晋阳饭庄的牌子就看到故居了。故居门前紫藤萝架迎风枝繁叶绿，浓荫如盖。

故居是清式砖木结构的两进四合院。临街的大门是硬山顶吉祥如意式门楼，位于整个住宅的东南角。半面墙上、门垛上都有精美富丽的青砖花雕。阅微草堂是内院的正房，牌匾是启功先生的手笔。

纪公在院子里种了两棵海棠，传说是纪念他喜欢过的女子。坊间八卦广为流传的故事是关于一个叫文鸾的少女，纪公与文鸾青梅竹马两情相悦，有缘无分。70多岁时纪公仍然梦到她，醒来之后无限怅然。如今他的海棠树早被旁边的晋阳饭庄砍掉一棵。

纪晓岚去世后，阅微草堂几易其主。民国初年，这座宅院转给刘姓盐商。1931年，京剧演员于连泉、梅兰芳、叶春善、李石曾等将其改为北京国剧学会，后又成为京剧科班"富连成"社址，先后培养了喜、连、富、

× 秋色中，纪晓岚故居的院落中充盈着诗意。

盛等八个京剧科班，桃李满京华。

故居一侧是1958年开业的老字号晋阳饭庄，很多人只认得晋阳饭庄，却不晓得故居。这家山西风味饭店里有大名鼎鼎香酥鸭、太古饼，连老舍先生生前也是这里的常客。吃山西菜，赏紫藤花，老舍还有诗留下："驼峰熊掌岂堪夸，猫耳拨鱼实且华。四作风香春几许，庭前十丈紫藤花。"因为晋阳饭庄的"晋"字，让不少人误会纪晓岚是山西人。但事实上，纪晓岚是河北人。故居重整后，因晋阳饭庄占据大部分位置，所以院落狭小了很多，现在陈列有《景城纪氏家谱》《评〈文心雕龙〉》《传世文集》《阅微草堂笔记》及纪晓岚六世孙女纪清漪捐出的明清瓷器等文物。

PART 08
城南会馆，残砖旧瓦间的琐事

会馆浓缩着鲜明的地方特色、承载着一方土地的梦想、凝聚着同乡人的情谊，带着时代的烙印，成为北京胡同中不可或缺的风景。

明朝初期，外地到京城发展的商贾为了同乡们在北京有一个可以联络、聚会以及商议事务的处所，建成了北京的第一座会馆——位于前门长巷五条的芜湖会馆，就此，拉开了北京城会馆文化的序幕。

到了清朝后期，会馆不再限于以同乡为单位的建造，逐渐出现了同业公会建造的会馆，这些会馆大都聚集在前门以及虎坊桥、菜市口一带的胡同里，比如位于北芦草园胡同的颜料会馆、东兴隆街的药行会馆等。

关于会馆的三两事

1949年11月，北京市民政局曾对明清两代所建的会馆进行过统计，总数为391处，集中在旧宣武区南部这一带的就有数百家。老北京俗语称：官员出入正阳门，士子出入宣武门，商人出入崇文门。随着时间的推移，这些会馆也渐渐改变了原来的身份，成为历史名人的故居，见证了很多重大历史事件，比如公车上书时期各地举子们聚集议事的嵩云草堂、建筑奇美的东莞会馆、被誉为京城第三座孔庙的山左会馆、《城南旧事》作者林海音居住过的晋江会馆、梁启超故居新会会馆等诸多会馆。有些会馆因自身建筑的价值而得到重新修整的机会，但大多会馆而今已经成为居民大院，山墙倒塌，残存几许雕梁画栋，或者只留下一个名字，好似一段段飘浮在烟火里的故事，被人们遗忘了。

这些会馆林林总总，各式各样，在建造的时候并没有统一的规划，但同一个省市的会馆大都聚集在一起，相邻不远。比如百顺胡同最初就设有山西商人集资建造的山西太平会馆和晋太会馆。清乾隆年间，著名的藏书家、山东青州人李文藻曾在这里居住，后来太平会馆移到王广福斜街，定名"太平试馆"。

✕ 校场头条胡同内的山左会馆凉亭一隅

达智桥胡同里的家国故事

达智桥东起宣武门外大街，西至金井胡同，通达校场胡同、储库营胡同，紧挨着上斜街，虽然只有短短的200多米，但浓缩了很多传奇人生。

明嘉靖时反抗严嵩的忠烈志士杨继盛故居位于达智桥胡同的南侧，名为"松筠庵"，因杨继盛号椒山，所以故居也被称杨椒山祠。杨椒山被陷害入狱三年，终被杀害，他的夫人张氏曾上书皇帝，表示愿意代替杨椒山去死，但并未得到回复，在椒山遇难之日，张氏自缢。清乾隆五十二年（1787年），为纪念这位忠义之士，在此地设立了祠堂。在这段悲壮历史之后，杨椒山祠也因一段清末历史而声名远播。清末，李鸿章签订丧权辱国的《马关条约》后，民众愤怒和震惊，康有为号召一千多举子聚集在杨椒山祠，大家一起共同撰写并联名上书皇帝，强烈要求变法维新，这就是历史上有名的"公车上书"。

✕ 达智桥胡同内的蒿云草堂

故居对门是204中学的部分校址，明朝时为朝庆寺，到了清光绪时，改建为嵩云草堂，公车上书时成为举子们聚集的地方，再后来改为河南会馆，袁世凯曾居住在这里。1898年，康有为和御史李盛铎发起成立保国会。保国会以保国、保种、保教为宗旨，在北京、上海设两总会，各省府会设立分会，嵩云草堂成为保国会在北京的一处重要会所。

自达智桥胡同向南，便是昔日的歙县会馆旧址。清时，会馆的功能被划分得很清楚，士人会馆不接纳商人，比如歙县会馆建立时就严格规定："专为公车以及应试京兆而设，其贸易客商，自有行寓，不得于会馆居住，以及停顿货物。"近代进步思想家与文学家王茂荫（1798—1865年）也是安徽歙县人，曾在此久居，他在清咸丰时大力倡议发行纸币，他主张货币改革一事被马克思写入《资本论》。

达智桥胡同被校场胡同所包围，明代此处设有校场，到了清代时，八旗所在各地都要求设立营房与校场，宣武门内是镶蓝旗的位置，营房设在西侧相距不远的槐柏树街，此处成为进行演武、练习骑射的地方。北京旧校场与营房很多，以此为地名的地方也不少，但因为宣武门本身就具有习武之意，所以此地的校场被认为北京最正宗的校场所在地，校场口是校场的出入口，后来单独形成一条校场口胡同。

上斜街、三庙街与金井胡同的高光时刻

经过改造的上斜街可谓模样大变，从破旧不堪的老胡同，恢复为一条充满复古气息的胡同。这条胡同从中间延伸出一条小巷，叫作金井胡同，

因胡同内沈家本故居前曾有一口井而得名。上斜街原为元朝时连接城内城外的一条小径，明朝时因守着护城河旧道，清朝时靠近住在南城官员们上朝的必经之地宣武门，渐渐形成了一条非常有气候的大胡同。

上斜街的西侧，是连接着长椿街的三庙街胡同，唐代就已存在，称为"檀州街"，这个名称延续到了辽，据说当时开国功臣、皇子完颜宗弼（史书更多记载为金兀术）就住在檀州街上，可见其位置的重要性。到了元朝，檀州街成为元大都建都后最早的一条胡同。明朝因这里有紫金寺，故又名为"紫金街"。到了清朝，街上建有三座关帝庙，所以改称"三庙街"，而今三座寺庙已荡然无存，这条曾经辉煌一时的街巷，一半被老楼所占据，一半还维系着胡同的模样，令人无法想象它曾经的模样。

与三庙街久远的辉煌年代不同，上斜街形成较晚，明朝时因北临护城河，弘治年间在宣武门以西建象房，在"射所演习"的地方改建"演象所"，归属于锦衣卫驯象所管理，有专门管理大象的象奴。清朝时，演象所依然存在，由銮仪卫掌管。每年农历六月六日，上斜街一带便是给大象洗澡的地方，明蒋一葵在《长安客话》中记载道："六月初伏，官校用旗鼓迎象，出宣武门洗濯，观者如堵。"民国时期《新晨报专栏——旧京风俗志》这样记叙："是日晨，由象奴从顺治门（宣武门）内西城根象房（即在众议院地方，故附近地名仍有象坊桥、象来街等称）将各象率至响闸地方之河中洗之。斯时銮舆卫之堂官，驯象所之所官及地方官吏，均齐集监临。象至河中，异常高兴，由上午至下午始能毕事。是日也，无论老幼贫富，倾城而至，沿河两岸，皆极拥挤。"可见洗象在当时是京城难得的盛景。如今，演象所成为今日新华社所在地。上斜街街上的大部分房子都建在台阶上，据传这是为了防止护城河积水漫延进院。

自清开始，外省各地纷纷寻找在北京外城建立会馆的绝佳地址，上斜街一时成为上选，短短600米的胡同，先后建有山西会馆、河南会馆老馆、吴兴会馆、绍兴县馆、太原会馆、四川西馆、番禺会馆、东莞新馆、武宁会馆、归安会馆、全浙会馆等十多座会馆。上斜街一时间热闹非常，其中最有名气的就是广东番禺会馆、山西会馆和四川会馆，外省来京的学子或官员都会选择先在会馆居住。清朝时，上斜街的几处会馆成了名人故居，比如东莞新馆里的年羹尧故居、番禺会馆里的龚自珍故居以及原吴兴会馆的沈家本故居。

沈家本故居位于金井胡同1号，这里原为吴兴会馆，20世纪初沈家本将其购置，是一座经过修复的三进小院。进门东侧有一座中西合璧的两层小楼，这是1905年沈家本筹资建成的藏书楼——"枕碧楼"，楼内曾藏书5万余卷。沈家本是浙江吴兴人，清朝光绪年间的进士，中国近代法学的奠基人，在清末时坚信以法救国、以法强国，拟定了很多世界同步和接轨的法律条文，并将凌迟、戮尸、刺字等酷刑从刑法之中删除。1900年入京到1913年逝世，沈家本一直在这里居住，著书立论。

上斜街50号是番禺会馆，清道光年间近代进步思想家、诗人、文学家龚自珍曾在此处居住。会馆环境优美，前面是住宅，后院建有花园，1831年龚自珍将这所宅院卖给广东番禺县人潘仕成，潘后赠与同乡会，成为番禺会馆。在1976年唐山地震之中番禺会馆遭到严重的毁坏，后虽然经过修复，但也无法回到之前的样子。龚自珍曾被柳亚子誉为"三百年来第一流"，他主张革除弊政，抵制外国侵略，全力支持林则徐禁除鸦片，著名组诗作品《己亥杂诗》315首中充满了家国深情、忧国忧民的诗句，那些名句"落红不是无情物，化作春泥更护花""我劝天公重抖擞，不拘一格降人才"等被人们铭记于心。

上斜街56号是东莞会馆，是上斜街保存完好的会馆之一，东莞会馆分

> 金井胡同内街角的药店是一处清末民初的老建筑。

为两处，老馆在烂漫胡同127号，此处是新馆。会馆大门两侧是八字影壁，院内还有亭台楼阁，颇为气派。据居民们口口相传，这里曾是清雍正年间大将军年羹尧的旧宅。清宣统年间（1910年），这处院落由广东陈氏家族陈学陶等人购得，次年改建为东莞会馆。据说当时会馆在后院还设立了敬贤堂，主要祭祀袁崇焕等东莞籍先贤。此外，东莞籍的一些历史知名文人也在这里居住过，比如古文字学家、金文专家容庚，史学家、方志学家张次溪等。

与"戊戌变法"相关的两处会馆

戊戌变法，又称百日维新，是晚清时期以康有为、梁启超为代表的维新派人士推动光绪帝进行一系列的改革措施，主旨即倡导学习西方科学文化，改革政治、教育制度，发展农、工、商业等资产阶级改良运动。戊戌变法仅维持了103天，就被扼杀在摇篮之中，变法中的关键人物几乎都居住在南城，所以几乎每一次重大会议，都与北京南城这块土地相关。除了"公车上书"中的杨山椒祠、嵩云草堂，还有几处会馆，值得人们探寻故迹。

南半截胡同中的浏阳会馆建于清同治年间，"戊戌六君子"之一谭嗣同曾经住在这里，小院里主房的北套间是他的书房，题额为"莽苍苍斋"。谭嗣同在莽苍苍斋中与康有为等人研究变法维新的方针政策，利用光绪帝给他的权力，和顽固派展开坚决的斗争。"不有行者，无以图将来；不有死者，无以召后起。"1898年9月24日，变法失败后，他把浏阳会馆的大门敞开，自己坐在门前摆一壶清茶，气定神闲，慷慨就俘。而今，道路经过改造后，会馆的大门成为临街住所，房檐低矮，已是一座破败的大院。1898年9月28日，慈禧下令，在菜市口将谭嗣同、杨锐、刘光第、林旭、杨深秀、康广仁六人杀害。谭嗣同被害之后，有义士将他的尸

✕ 谭嗣同故居门口

首偷偷运到法源寺停灵。

南海会馆位于米市胡同43号，会馆因康有为曾居住在会馆内东北的一小跨院而著名。康有为是广东南海人，人称"南海先生"。因所居住的院内有七棵树，康有为取名"七树堂"，小院内的山石玲珑小巧，长廊壁间有苏东坡观海棠帖摹拟石刻。院中北屋像条小船，窗上镶着有色玻璃，康有为便称为"汗漫舫"，他的许多诗文以及变法的方案就是在"汗漫舫"里完成的。戊戌变法期间，六君子经常在此聚会，光绪帝老师翁同龢也会下朝来此闲谈。而今的故居仅留下一个低凹下去的小门，门前有一堵灰砖矮墙，房屋已年久失修，岌岌可危，人声寂寂、人影寥寥，多年积存的杂物把过道挤得只能容得一人通行。2004年年底，一场突然的火灾，差点儿让这片老屋片瓦不留，所幸救援及时，免于一难。

京师第一馆——安徽会馆

后孙公园胡同里有一座安徽会馆，会馆内有一座被誉为京城四大戏楼之一的大戏楼。徽班进京曾在这里演出过《长生殿》，众多的知名京剧名伶曾在这里登台献艺，当初因为这座戏楼，吸引了很多京剧名角在附近的胡同内居住。

后孙公园胡同，因明末清初著名学者、大藏书家孙承泽（1593—1676年）居住在这里而得名。孙府的宅子和花园占地9000平方米，房屋219间半，几乎占据了整个胡同。孙承泽是一位知名才子，著有很多书籍，其中比较知名的有《天府广记》《春明梦余录》等。到了清朝，孙宅依然保存完好，同治八年（1869年）时，安徽人李鸿章以及李鸿章的哥哥湖广总督李瀚章联合几位安徽籍的官员和淮军将领筹建一座安徽会馆，最后购买了孙公园的部分房产，这就是后来的安徽会馆。因为李鸿章的支持，安徽会馆的建设从未缺过资金，逐渐成为京城气势最恢宏的会馆，被后人评价为京师第一馆。与其他会馆不同的是，安徽会馆不接纳同乡考试举子，也不接纳商业人士，只接待当时的实权人物，一时间成为达官贵人的活动场地。光绪二十四年（1898年），会馆为康有为等维新党人提供了议事和工作场所。民国时期，徐悲鸿先生开办的美术学校也设立在这里。

从琉璃厂南进入后孙公园胡同，胡同的两侧树枝中，能窥见安徽会馆的一隅，或精雕砖瓦或巧妙屋檐，即便会馆的全貌已然不见，但这点滴之间，可依稀窥见它最初的气派与规模。

✕ 安徽会馆的东墙上遍布砖雕。

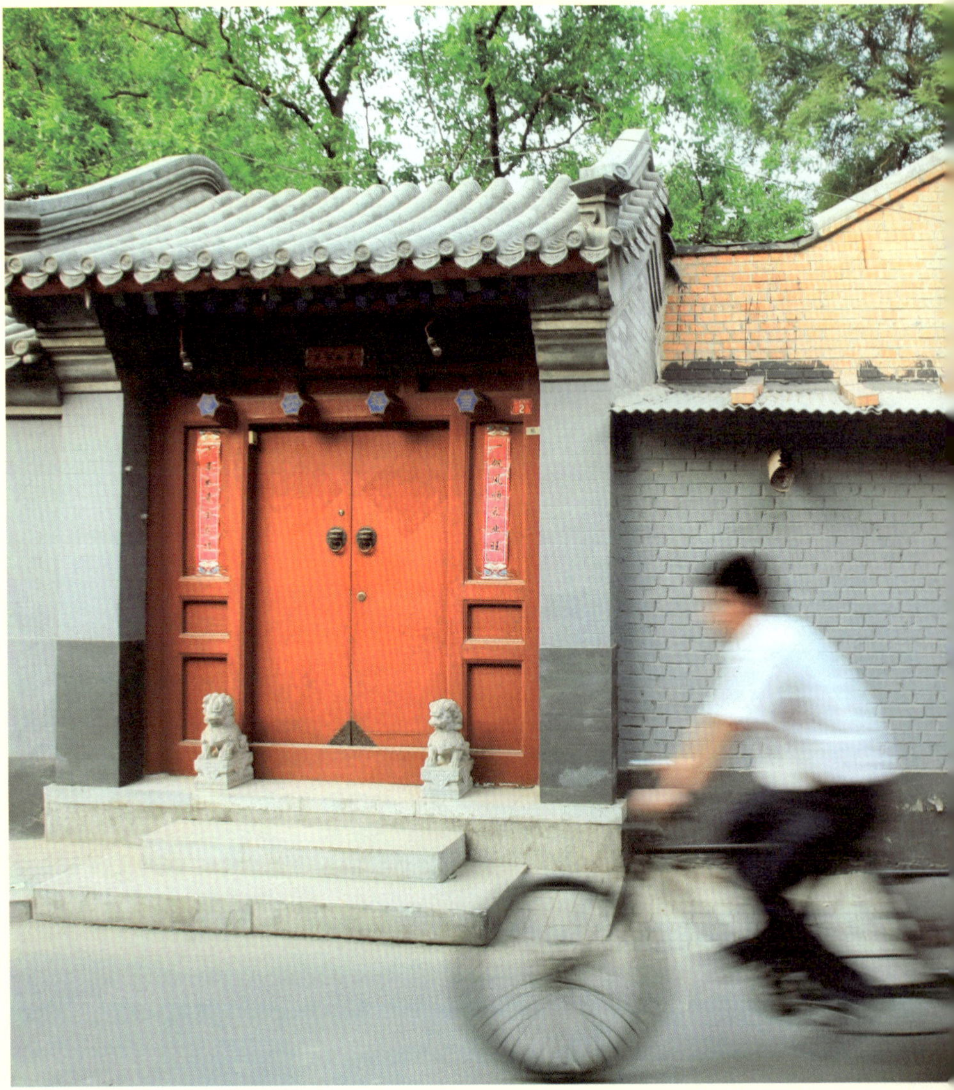

第六章

胡同角落里的
老城旧味

漫步胡同的灰墙黛瓦间,你会发现,古老的寺庙音乐在胡同、京剧戏院在胡同、老报馆在胡同、老字号小吃店也在胡同,这其中偶尔响起走街串巷的手艺人的吆喝与叫卖声,过去与现在,胡同成为北京这座城市非物质文化的传承之地,这些文化的韵味,令北京人每一天的生活都于平淡中见精彩。

胡同　皇城根儿下的老北京

PART 01
吉祥戏院，金鱼胡同的锣鼓声

改造过好多次的金鱼胡同彻底和过去再见了。在过去，胡同的两侧是古槐，路面上铺着小碎石头渣子，如果穿着布鞋，走一会儿就会硌得脚心疼。而今，金鱼胡同的马路平滑舒坦，两侧是高档商店，但即便它的变化再大，吉祥戏院的位置也从没挪动过。早些年，老北京

✕ 金鱼胡同附近的老四合院与周遭的高楼大厦形成鲜明对比。

一说听戏，要么是前门大栅栏，要么是东城的吉祥戏院。不为别的，只是因为角多戏好。

吉祥戏院从1906年开始建，1908年才正式对外营业。吉祥戏院的开戏首次打破了清政府严厉禁止内城卖戏的规定，轰动一时。开业之后，吉祥戏院成为当时京城名角最喜爱的戏院之一。

京城名角与吉祥戏院

吉祥戏院的创办人是光绪末年内廷大公主府的总管事刘燮之，吉祥戏院所处的地方最初隶属于东安市场，可以说地理位置绝佳。刘燮之交游甚广，三教九流无人不识，他广邀名角来吉祥戏院演出，马连良、梅兰芳、谭鑫培、余叔岩、姜妙香、尚小云、马连良、郝寿臣、杨小楼、程砚秋、荀慧生这些泰斗级的大师以及"富连成"等科班都常在这里演出，几乎场场爆满。

梅兰芳尤为钟爱吉祥戏院，他在《舞台生活四十年》一书中写道："我以前的几出古装戏《嫦娥奔月》《黛玉葬花》《天女散花》，首次上演都是在东安市场吉祥园。那几年我在吉祥演戏的时候最多，排了新戏总是在那里演第一场。可以说我的舞台生活和吉祥园的关系是比较密切的。"据说，马连良在吉祥戏院演出时，演完了就去北京有名的清真馆爆肚冯吃饭。久而久之，只要他的身影一出现，都不用招呼，一碗特制的爆肚就会端到他面前。

× 京剧表演

东安市场的大火与修复

1919年，东安市场遭受到了严重的火灾，损失惨重，但幸运的是，吉祥戏院没有被烧坏，只是救火人员把楼顶踩坏了。于是戏院进行了重新翻修，开业后除上演京戏外，还加演电影和夜戏，一时间成为东城最豪华的戏院，再次引来京城名角登台演出。据说有一次余叔岩在这里演出《搜孤救孤》，晚间演出前大雨倾盆，大家还在担心是否影响上座，可开场时一看，客满。

因为吉祥的生意兴旺，东安市场又相继开了其他几个戏园子——中华园、东安园、丹桂园，但规模和影响都远不如吉祥戏院，渐渐地，那些戏院就只能依靠曲艺和杂耍表演为生。

被收藏的《吉祥剧刊》

吉祥所创下的辉煌,不只是在舞台上和戏院里。现存最早的一份戏刊就是吉祥戏院创办的《吉祥剧刊》,一个戏园能有自己的戏刊,这是很不容易的事。戏刊于1934年11月创刊,为周刊,每期大约发行在750份左右,是当时北平市政府立案特准发行的周刊。现在只保存有创刊号和第二、第三期,被收藏在美国哈佛大学的燕京图书馆。

1949年后,吉祥戏院由政府购买,将门脸改在金鱼胡同临街路南,后来王府井改造,原来的吉祥戏院一度被拆除。北京人心中的老吉祥没了,引起了很大的争论,数位老艺术家联名才得以使今日的吉祥能有一处属于自己的归宿。其新址就位于原址的斜对面,在王府井银泰大厦7层,建筑面积8万平方米,其气派不亚于长安大戏院,成为今日听戏、看戏、品戏的一处好去处。

PART 02
京味的人艺，胡同里的经典舞台

若说北京人看话剧，最够味儿、最够角儿、最够份儿的，那一定是北京人民艺术剧院的话剧。由于剧院的名字有些绕口，被简化成了"人艺"。剧院的地址，从最初的史家胡同到现在的位置，无论在哪儿，人艺一直在绽放着独一无二的舞台魅力。

× 夏季，报房胡同内的老槐树开了一树槐花。

报房与小鹁鸽胡同

现在人艺的剧场又被称为首都剧场,门前是王府井大街,左右两侧被报房胡同和小鹁鸽胡同环绕。报房胡同的名称由来有两种说法:一说是明武宗圈养豹子的地方,一说是明朝时印刷皇帝谕旨和大臣奏议出版物的地方。清朝时,蒙军和汉军的都统衙门设在南报房胡同,后来为了方便就统一叫报房胡同,不分南北了。

明朝时,胡同里曾建有一座法华寺,成化年间,明宪宗朱见深还曾御赐给法华寺一块碑匾。1860年,恭亲王和英国人谈判也是在这座寺庙里。关于法华寺还有一个传闻,据说在"戊戌变法"前夕,谭嗣同曾经到法华寺去见了袁世凯,但这是传闻,历史上没有任何具体考证。

小鹁鸽胡同也是明朝就有的胡同,当时隶属明照坊,是买卖鸽子的鹁鸽市,后来改称小鹁鸽胡同。在小鹁鸽胡同里闲逛,能看到人艺小剧场的牌子,还能看到胡同南侧救世军教堂的十字架。每天晚上,来看话剧的人如潮水般来去,喧嚣之后,剧终人散,胡同就又恢复了原有的宁静。

话剧界的巅峰

1952年6月12日,北京人民艺术剧院成立,曹禺担任第一任院长,自此他广搜天下奇兵,人艺的著名编剧有郭沫若、老舍、曹禺和田汉;焦菊隐、欧阳山尊、夏淳、梅阡,号称人艺四大导演;著名的演员有于是之、林连昆、英若诚、蓝天野、朱旭、朱琳、李翔……虽然大部分人已经不在人世，但他们留下来的作品却是永恒的经典，促使人艺形成了严谨的艺术风格。

人艺耳熟能详的经典剧目有《茶馆》《雷雨》《日出》《龙须沟》《骆驼祥子》……是中国话剧的巅峰。这些剧目从写剧本到排练，大都诞生在史家胡同，几十年来长盛不衰。截止到2018年，人艺的经典剧目《茶馆》已经演了700场，但即便如此，每次开演，依然是一票难求。

近些年，人艺也做了很多突出和革新，不只是限于京味话剧。目前，剧院共上演了古今中外不同形式、不同风格的剧目三百多部，除了那些经典的京味话剧，还有《虎符》《蔡文姬》《武则天》《北京人》《名优之死》《关汉卿》《王昭君》《绝对信号》《红白喜事》《狗儿爷涅槃》《天下第一楼》《古玩》《风月无边》《万家灯火》《赵氏孤儿》等，这些耳目一新的话剧都让喜爱话剧的人过足了眼瘾。把外国戏剧搬到中国舞台，也一直是人艺在保持中国文化、京味儿文化的同时在努力做的事情，那些经典的国外大戏《悭吝人》《伊索》《带枪的人》《上帝的宠儿》《推销员之死》《洋麻将》《哗变》……每次演出，舞台上是感情投入备至的演员，舞台下则是经久不息的掌声。

✕ 人艺的剧目海报

PART 03
湖广会馆，戏曲博物馆的经年

坐落在虎坊桥西侧湖广会馆的大戏楼是戏迷们所钟情的戏院，历史上著名的京剧大师谭鑫培、余叔岩、梅兰芳经常在这里演出，曾国藩在这里办过六十大寿，京城的革命党人曾多次在这里欢迎过孙中山先生，国民党成立大会也是在这里举行的。而今，北京戏曲博物馆也设在这里。

✕ 湖广会馆的大戏楼

兴起于清朝的名流聚会中心

湖广会馆始建于明朝万历年间。当时张居正捐私宅修建了全楚会馆，后来成为私人住宅，清朝纪晓岚也曾在这里暂住过。嘉庆十二年（1807年），体仁阁大学士刘权之与顺天府尹李钧将之重修成湖广会馆，道光十年（1830年），会馆里修起了大戏台。

据说在清末时期，湖广会馆一带非常热闹，京城的政客、文人、名流经常以这里为中心宴会唱酬。会馆随之扩建，不仅以太湖石修建了花园，还增添了穿廊、乡贤祠、文昌阁、宝善堂、楚畹堂等建筑，两湖家境殷实的大户来京，也会以此为据点聚会、礼神和祭祀。

会馆二进院落中是乡贤祠、文昌阁，阁中供奉着"文昌帝君神位"。北京戏曲博物馆的展厅就设在这里。展览从京剧的起源、发展、唱腔、行

※ 周边林立的高楼，与湖广会馆这座老戏楼形成了鲜明的对比。

头……直到四大名旦、四大须生的辉煌,通过文献、文物、图片和音像资料的形式,令观者能对京剧有个大概的了解。展厅里还有京剧名家王瑶卿、梅兰芳的拜师图,武生泰斗杨小楼演出时用的戏装等珍贵藏品。

风雨怀人馆,现在是孙中山研究馆,最初由曾国藩亲自规划主持增建,门联为"何必开门,明月自然来入室;不须会友,古人无数是同心",馆内小院的碑上记载着中山先生曾五次莅临湖广会馆的经过。

新会馆的演出与雕梁画栋的戏楼

湖广会馆并不大,迈入朱红色的会馆大门,最先撞入眼前的就是那座曾经辉煌一时的戏楼。别看会馆不大,那古色古香的戏楼却体量庞大,有上下两层,能容纳三百多人,每个座位上还设有中、英文字幕,英、日语同声翻译耳机等。会馆的门前有一水牌,上面写着近一两天的剧目和剧中演员的名字,很有传统戏院的风格。

这座戏楼由于经常得到保护和维修,古朴中透着精致,站在这里,可以想象它过去的荣光。现在除了每天晚上有北京京剧院的京剧名家演出外,周日下午还有北方昆曲剧院的昆曲名家演出的经典剧目,每周六上午有百年京剧老票房"赓扬集",是京城票友们非常活跃的一处场地。

福州馆街、粉房琉璃瓦街与果子巷

会馆南边是狭窄的福州馆街,街因有一座福州会馆而得名。清末时期林则徐曾住在会馆西侧高家寨胡同的甫阳会馆里,据说当时他在闲暇时经常找朋友一起在福州馆街喝茶聊天。会馆附近还有一条粉房琉璃瓦街,是一条形成于明朝的胡同,时称粉房刘家街。清初曾称粉房街,清末又被称作粉房琉璃街,因有一户在京城出名的售卖绿豆粉的店铺而得名。《京师坊巷志稿》中曾记述道:"粉房琉璃街,大兴张志作粉房刘家街是也。"这条胡同的两侧曾聚集着诸多会馆,如115号是戊戌变法领袖之一的梁启超先生住过的广东新会邑馆,120号为福建延平会馆旧址,后改为粉房琉璃街小学。

✕ 粉房琉璃瓦街已修建成社区,破旧的院落、斑驳的院门成为历史。

PART 04
智化寺，藏身闹市中的工尺谱与藻井雕梁

智化寺的音乐，与五台山、峨眉山、福建南乐并称为中国的四大古乐，传递出远、虚、淡、静的意境，成为嘈杂市井中的一股清凉，余音绕梁，令听者久久无法忘记。2006年5月20日，智化寺音乐被列入第一批国家非物质文化遗产名录。

中国音乐的活化石

智化寺坐落于禄米仓胡同内，寺庙周遭是禄米仓的灰色居民院墙，没有著名的建筑，也没有著名的景点，平平淡淡却与众不同。

历史上智化寺的规模并不恢宏，却一直以宫廷音乐而闻名。智化寺始建于明正统九年（1444年），初建之时，智化寺是明英宗时期司礼监太监王振的家庙，王振深得英宗宠幸，家庙建成后，英宗为此庙赐了碑与寺名。而今在智化寺内，御赐碑依然可见。

凭借王振在宫廷的显赫权势和地位，他聘请了很多在音乐方面造诣深

× 春日，智化寺内的梨花盛开。

厚的艺僧来编制演奏宫廷音乐，用于寺院佛事和祭祀活动，久而久之，形成了智化寺的传统。近六百年来，智化寺音乐一直以口传心授的方式代代相传，直到今天，成为中国现有古乐中唯一按代传袭至今的保存完好的乐种，被称为"中国音乐活化石"。在智化寺，传承音乐的学习非常严格，艺僧们受到明朝教坊司音乐的影响，入寺后先要学习乐谱，而后再学习乐器，学满七年方可出师进行演出，使用的乐器有八种，分别为：云锣、铛子、铙、钹、子管（古称筚篥）、笙、笛，保持宋代的传统形制。

智化寺音乐的曲子是以曲牌为结构单位的，传世曲牌共42首。在这些曲牌中，单独演奏的称为只曲，连缀演奏的称为套曲。只曲演奏时长自3—15分钟不等，大型套曲演奏时长约为40—60分钟。目前智化寺乐队可以演奏十余首只曲和《料峭》套曲一套、《中堂》套曲三套。

万佛阁与消失的藻井

智化寺的建筑与格局在明代寺庙中很有代表性，可惜今日我们已然无法看到全部了。最精美的是最后的大殿，建有双层阁楼的如来殿与万佛阁，两层重檐庑殿顶楼阁，一底一楼，是智化寺最大最精彩的建筑，乾隆版《大藏经》也被珍藏在这座楼里。殿内的塑像神采奕奕，仿佛眉眼间都在转动，让人无法不惊叹明朝的造像艺术。

大殿木梁之上还存有明朝的彩绘，而今已然斑驳陆离。如来殿上下两层山墙上的四壁木龛内供奉着九千多尊小佛像，因而也被称为"万佛阁"。九千多尊佛像围绕着三尊佛像而建；三尊佛像带着平凡而温和的微笑，万瓣莲花座雕刻得细腻传神、栩栩如生。

可惜的是，万佛阁上方精美绝伦的明代藻井早已丢失、不见踪影，只可见殿堂上的空空梁架。1930年的智化寺已破败不堪，寺内的住持普远和弟子不得不卖物租屋，将寺中的许多古松都卖给杠房做了棺材。那一年，在捐客纪三爷的引导下，美国人华尔纳和西克曼来到智化寺寻宝，于是这两方比故宫南薰殿的藻井面积还要大、雕刻更为精美的楠木雕刻藻井竟以做棺木为名被卖了出去。

如今，这两方藻井，一个在美国费城博物馆，一个在美国纳尔逊的阿特金斯博物馆。华尔纳在给博物馆的信中曾经这样写道："在这个国家里，看来这个寺庙是尚未遭到破坏的中国建筑中最好的部分……它全部组合而没有用一颗钉子，木匠的工艺超凡……并且似乎还有明代原有的涂金。"

✕ 智化寺内仅存的天花藻井，位于藏殿之内。

官仓俸米与禄米仓胡同

　　智化寺所在的禄米仓胡同，因胡同里古老的禄米仓而得名。在旧时，官员的俸禄是以米的形式发放，所以被称为"禄米"，也就是现在的薪水。顾名思义，禄米仓是明、清两代储存京官俸米的粮仓。在明朝，北京城共有包括禄米仓在内的七座官仓，共同担负着当时北京储粮的重任，为方便运输，它们都被集中建在朝阳门附近。朝阳门北侧有海运仓、北新仓；中部有南新仓、旧太仓、兴平仓和富新仓；禄米仓是唯一一个位于朝阳门南侧的粮仓，于嘉靖四十年（1561年）在元太仓的基础上建成，由当时的名臣海瑞监督实施建造。

　　清末曾执教于京师大学堂的震均撰写的《天咫偶闻》中对禄米有过记录："仓米皆内新出陈，红朽者多。然京师贵人家以紫色米为尚，无肯食

✕　禄米仓胡同

白粳者,惟南人居京者始食白米。而百官领俸米,券入手,以贱价售之米肆,而别籴肆米以给用。"

清朝初期禄米仓最初有30廒,康熙二十二年(1683年)增至81廒,光绪末年减为57廒,现在只剩下了3廒。其中一座位于禄米仓胡同71号院,另外两座位于73号院。其余的那些米仓早已经被推倒整平,原址建了楼房或厂房,不复存在了。

智化寺东侧是小牌坊胡同,在明朝时属黄华坊,称为牌房胡同,到了清朝属镶白旗,被改称为小牌坊胡同。据传,清乾隆时这里曾立过贤孝坊。自智化寺向西穿过朝内小街,还有一条和智化寺相关的胡同——演乐胡同,在明朝时同属黄华坊,是明朝教坊司乐队演习奏乐的地方,而本司胡同,就是教坊司所在地。

PART 05
老舍茶馆，旧日里的街巷生活

老舍茶馆生意的兴旺，得益于老舍先生以及他笔下《茶馆》的盛名。从门口穿长袍的领位用极其嘹亮高亢的声音高喊"来客，几位"的做派，到大堂里清新古朴的陈设，看到古玩、字画、佛像、剪纸、泥人、风筝、玉器，感官上就先愉悦起来，有着想要再手捧老舍先生的书坐在这里读一读、看一看的想法。这座充满京味的大茶馆，像一个立体的活化石伫立在前门，称得上是北京胡同古老生活的一道缩影。

正阳门下的茶馆

老舍先生所写的《茶馆》，通过一个小小的茶馆把曾经风云变幻的北京城展现得淋漓尽致，王利发、唐铁嘴、刘麻子、常四爷……那一个个饱满鲜活的人物，令人无法忘记。这座京味十足的茶馆始建于1988年，用以纪念老舍先生笔下灵动多情的北京生活，并以老舍先生命名。自清开始，北京城内就开始流行开茶馆，当时有五大类，即大茶馆、书茶馆、棋茶

✕ 改造后的前门西河沿街上热闹的节日气息

馆、野茶馆和二茶馆，条件非常简陋。老舍茶馆无疑传承了其中的精髓，但建得符合现代人的需求，令人惬意舒适。

  茶馆的门前是正阳门城楼，身后是前门西河沿街。西河沿的名字来自护城河，因在紫禁城护城河以西而得名，近些年街道改造，合并了满家胡同，成为一条狭窄而簇新的街道。正阳门俗称的前门、前门楼子，是明清两朝北京内城的正南门，始建于明成祖永乐十七年（1419年），是老北京"京师九门"之一，而今早已成为北京城的一个显著标志。

名家与票友的舞台

  大多来老舍茶馆的人并非为了品茶，而是为了过过戏瘾、听一听老曲艺，如此说来，老舍茶馆的平民化做得真是到位，票友们也会来演出。对

✗ 老舍茶馆内古色古香的室内装饰

于很多老票友来说，既能舒舒服服过一下午的嗓子瘾，还喝了当年的清茶。若是想欣赏名家的段子，票价自然要贵一些，茶馆演出的主要京剧剧目有《霸王别姬》《闹天宫》《贵妃醉酒》《白蛇传》《麻姑献寺》《扈家庄》《天女散花》《拾玉镯》《跳财神》《三岔口》《坐宫》及《铁弓缘》等。

各种曲艺节目也令人目不暇接，单弦、含灯大鼓、梅花大鼓、京韵大鼓、相声、快板、双簧等都被搬上了老舍茶馆的舞台，这个名声在外的茶馆，早已成为外地人体味京味文化的必到之处。

PART 06
护国寺小吃，庙会的记忆与传承

护国寺小吃店的门脸不大，但它的历史要从始于元朝的护国寺庙会说起。从新街口南大街循着人民剧院的标志走去，很快就能找到了这家藏身于护国寺街中的小吃店，这家店是护国寺小吃的总店。店里的小吃都不算时髦，卖相也不算精致，但对于北京人来说，这才是陪伴了多少年割舍不断的京味儿。

✕ 护国寺大街上的百年老字号——护国寺小吃

曾经声名显赫的护国寺庙会

始建于元朝至元年间的护国寺,早已失去了昔年盛景,所留史料也寥寥无几。明代刘侗、于奕正所著的《帝京景物略》中简略记载过:"大隆善护国寺,都人呼崇国寺者,寺初名也。"由此得知,护国寺的前身名为崇国寺,在成为寺庙之前,是元朝丞相托克托的老宅。明宣德四年(1429年)改建为大隆善寺,明成化八年(1472年)赐名大隆善护国寺。后来因为寺庙坐落在城市的西部,划归为西城,老百姓就把护国寺称为"西庙"。当时的西庙,有三座正殿、八座偏殿,后来因为年久失修,大多大殿倒塌成为残垣断壁,就只剩下弥勒殿和部分配殿。

过去,北京人的生活比较单调,除了曲艺看戏之外,就是逛庙会、吃小吃。有多少寺庙就差不多有多少庙会,那么北京的庙、观有多少呢?据说城内外大小都算上有八百多座,而有庙会的寺、观粗略计算也有几十座。《北平庙会调查》中这样记载:"盖西城昔为满族及旗人聚居之地,需多取给于庙会,故清代护国寺庙会甚盛。"清朝时候居住在西城的以旗人和满族人为主,很多都是皇亲国戚,消费能力非常强,所以北京城就有了"东贵西富"的说法。当时,购物的地方不算太多,庙会就成为人们采买日常所需的地方。老北京有句俗语说:"东西两庙货真全,一日能消百万钱。多少贵人闲至此,衣香犹带御炉烟。"东庙就是隆福寺庙会,而西庙就是护国寺庙会。

护国寺庙会是每月逢七、八开放,庙会上的摊位名目繁多,一眼望去,热闹非凡。"自山门内,夹道支棚为摊,百货杂陈,游人辐辏至不能驻步。"据老辈儿人回忆,护国寺庙会最招人的就是琳琅满目的小吃摊。1956年,在这些小吃的基础上,政府把摊贩们组织起来,在紧邻护国寺的地方开办了护国寺清真小吃店。这家小吃店,就是今天护国寺小吃的第一家店一直开到今天,并发展出很多分店。

豆汁儿、面茶与八十多种小吃

虽然是庙会发源而来的小吃,但经过多年的积累,护国寺小吃的名目早已令人眼花缭乱,传统的比如艾窝窝、驴打滚、豌豆黄、象鼻子糕、馓子麻花、麻团、焦圈、面茶、杂碎汤、豆汁等,再加上新研发出来的多达八十多种。1999年,护国寺小吃的厨师还代表中国小吃,到新加坡参与了庆新年的活动,他们所制作的"驴打滚"成为新加坡国宴上一道最有趣的甜点。

✕ 炸肉松是北京的一道传统清真小吃。　　✕ 老小吃以新的摆盘方式呈现给食客。

到了护国寺小吃店，不得不尝的就是北京人喜爱的豆汁儿。豆汁儿看着其貌不扬，十分草根，但出自清乾隆十八年（1753年）的清宫御膳房，制作方法十分复杂，是当时御膳房研制的一种消暑饮料。很多人第一次喝豆汁儿，感觉像喝了馊的泔水，但是喝着喝着就会改变对它的看法。《燕都小食品杂咏》中说："糟粕居然可作粥，老浆风味论稀稠。无分男女齐来坐，适口酸盐各一瓯。"并说："得味在酸咸之外，食者自知，可谓精妙绝伦。"

能和豆汁儿媲美的就是老一辈北京人爱喝的面茶了。所谓的面茶，也就是热的糜子面粥，在粥的上面再淋上一层芝麻酱和芝麻盐。这些热气腾腾的小吃，带着北京这座城市历史的痕迹，别样的味道以这样的方式被留存了下来，而今已经成为北京非物质文化遗产保护项目。

✕ 护国寺大街上保护完好的四合院

周边的胡同与故居

护国寺北侧是棉花胡同,明《京师五城坊巷胡同集》《宛署杂记》中均作"绵花"胡同,在清乾隆十五年(1750年)统计作京城全图时,将"绵"讹作"棉",直至今日。1965年将罗儿胡同、斗鸡坑胡同部分并入。胡同66号是一代爱国名将蔡锷的故居,蔡锷因反对袁世凯复辟而在此被监禁两年,现为民宅大院。

棉花胡同东侧,是曲折弯曲的藕芽胡同。相传是过去护国寺庙会时,贩卖鲜藕、豆芽的小贩聚集地,在一个岔路口,是藕芽胡同7号院的所在地,院门保留着清时精美砖雕、木雕的如意门和垂花镂空木雕,是难得一见的珍品。由藕芽胡同东去即可通向什刹海。

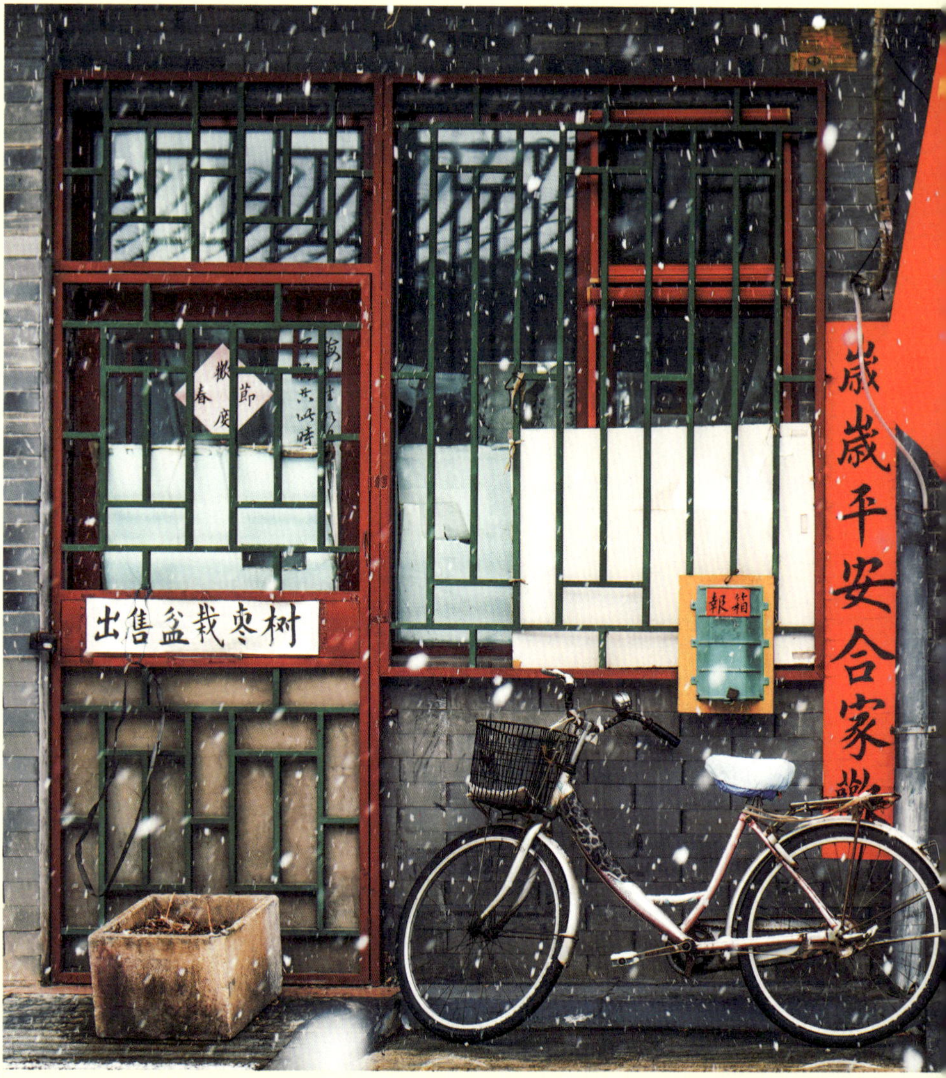
出售盆栽枣树
歡度春節
報箱
歲歲平安合家

第七章

老巷设新色，
砖瓦添远梦

科技发展迅速的今天，古老的北京胡同面对着更多和更大的挑战。如何在保护好鲜活而立体的建筑基础上，使胡同居民的生活越来越舒适便捷？又该如何在保护好传统生活的基础上弃砾拾琼？

经过多年深思熟虑，胡同片区开始了保护、腾退、创新和拆迁，随着改造工程的进行，出现在胡同的是标新立异的现代雕塑、香气扑鼻的现磨咖啡、烹饪珍馐佳肴的食肆、带着书香气息的书院、格局全新的美术馆以及舒适全新设计的民宿酒店。

胡同　皇城根儿下的老北京

PART 01
南锣鼓巷，七百年进程与国际化

二十年前，在很多胡同还沉浸在原汁原味的老北京生活时，南锣鼓巷已经率先迎来了海内外的游客，美食与酒吧一时成为南锣鼓巷的代名词，渐渐地，又有很多创意小店和咖啡馆相继进驻。

✕ 南锣鼓巷是访古、探奇与美食爱好者的天堂。

从"昭回坊"到东西胡同

南锣鼓巷北起鼓楼东大街,南至平安大街地安门路段,宽8米、全长787米,几乎是一条与元大都同时建成的胡同。元朝时,南锣鼓巷是大都城"前朝后市、左祖右社"中"后市"的一部分,隶属于昭回坊,"昭回"意为星辰日月,应与大都城的皇城制式相关。明朝则以南锣鼓巷为界,东侧为昭回坊,西侧为靖恭坊。清朝时,南锣鼓巷隶属于身份高贵的镶黄旗。

以南锣鼓巷为中央直线,东西两侧各有八条胡同,从胡同南口往北,东侧依次是炒豆胡同、板厂胡同、东棉花胡同、北兵马司胡同、秦老胡同、前圆恩寺胡同、后圆恩寺胡同、菊儿胡同等八条胡同;西侧依次是福祥胡同、蓑衣胡同、雨儿胡同、帽儿胡同、景阳胡同、沙井胡同、黑芝麻胡同和前鼓楼苑胡同,呈星棋罗盘状整整齐齐。在元大都建设之初,这些

✕ 春日雨后的南锣鼓巷行人稀少,与平时的喧嚣截然不同。

胡同并没有名称，明朝之后才逐渐有了名字，令人欣慰的是，经过了几百年的时光荏苒，这一带的胡同的格局与房屋几乎没有变过。陪伴胡同与古宅院的，是温柔的垂柳、花花草草与青砖古道，这些都是南锣鼓巷的迷人之处。

胡同东侧的名人故居与老宅

由于位置得天独厚，因此，明清两朝有很多权贵在这一带建盖了府邸，这种状况延续到民国时期。住户从明朝将军到清朝王爷，从北洋政府总统到国民党总裁，从文学大师到画坛巨匠，他们所留下的可园、后邸、绮园等，都有着说不尽的故事。

炒豆胡同73号、75号、77号，是清朝道光五年（1825年）袭封的科尔沁郡王僧格林沁的府邸，盛况时的僧王府曾占据了整个炒豆胡同，后门在板厂胡同。民国时期，豪华的王府被亲王的后代分成很多不同的小院落进行拍卖。"侣松园宾馆"就曾经是王府祠堂，祠堂与府邸在同一条胡同里，这在北京还并不多见。僧格林沁死后，其子伯彦诺谟诂承袭亲王爵，曾任御前大臣，做过光绪的"谙达"（老师），很多胡同的老居民都会称这座府邸为"伯王府"。板厂胡同，全长457米，清时曾被称做板肠胡同。板厂胡同34号，就是"僧王府"中所的后院，仔细看院中的老房屋，依然是带廊檐的卷棚式筒瓦房。

北兵马司胡同为明朝时北城兵马司的所在地，故沿袭其为胡同名。明朝北京内城设有中、东、西、南、北五城兵马司，负责地面治安捕盗。清东三省总督赵尔巽的官邸在这里设置，现在胡同里开设有先锋剧场。

秦老胡同位于北兵马司胡同北边，秦老胡同35号院原是晚清内务府大臣索家宅院的花园，名为"绮园"，而今在秦老胡同35号四合院内的假山上仍有"绮园"二字的刻石。因文物保护部门的失职，错将四合院拆除，而两座假山也被分别移到景山公园和东单公园。胡同18号是多贝子府的旧址，即和敬公主的第七世孙达赟贝子的后人多尔吉贝子。1923年，达赟以15万大洋将和敬公主府卖给直鲁联军总司令张宗昌，自己迁居到帽儿胡同6号居住。

东棉花胡同里有一座颇有故事的宅子，这就是位于15号院的清末将军凤山的宅子，旧宅原为三进四合院，院子最初的样子已不复存在，唯留下一座青砖雕花的二进门，其余都已成为民居杂院。雕花门为拱门形式，高4米多、宽2.5米左右，周身都雕满华丽的纹饰。顶部是朝天栏板和望柱，左右两侧的望柱间是梅花和松树，周围雕刻回纹、连珠纹等吉祥图案。望柱的门额题字已经全部被破坏掉，看不出来原来模样。

后圆恩寺7号恩园曾是蒋介石的行辕，现在被改为宾馆。13号为茅盾故居。茅盾先生于1974年至1981年在此居住，度过了人生中最后的六年。故居很矮小，丝毫不起眼儿，院中起居室、会客室都保留原貌，除了展出茅盾先生的遗物，还设有先生的生平展览。在这最后的六年中，茅盾先生一只眼儿近失明，还患有严重的肺水肿，即便如此，先生但却以坚强的毅力，完成了最后的40万著作《我走过的道路》。

菊儿胡同全长438米，在明朝时候被称为局儿，清乾隆时称桔儿胡同，宣统时始称菊儿胡同，胡同内曾居住过清朝光绪时直隶总督、兵部尚书荣禄。1987年，东城区选定菊儿胡同41号院的13座危房作为试点，作为胡同改造的第一处。41号院的老房子，是荣府祠堂的衍生品，这次改造邀请

✕ 东棉花胡同内的精美砖雕

✕ 后圆恩寺胡同内的茅盾故居

老巷设新色，砖瓦添远梦

了建筑大师吴良镛主持设计改造。据说，当初设计这个院子时，先后改了95稿方案，只是为了保护院中两棵老榆树，榆树都已有百年，两个人合抱都抱不过来，茂盛的树冠几乎覆盖了整个院子，给世代居住在此的人遮阴纳凉。改造后的小院，以通道为骨架，向南北发展形成若干"进院"，向东西扩展出不同"跨院"，突破了北京传统四合院的全封闭结构，在设计风格上，改造并没有承袭北京特色，反而设计成为南方江南水乡的风格。

西侧胡同的历史光阴

福祥胡同，向西可通达东不压桥，因胡同内有福祥寺而得名。福祥寺，位于福祥胡同25号，寺庙建于明正统元年（1436年），是当时一位姓武的太监卖掉了自己的房产家业为英宗祝寿而修建。清朝雍正二年（1724年），锡呼图克图使节来京后，便改福祥寺为藏传佛教寺庙，成为锡呼图克图驻京的行馆，更名宏仁寺。现在寺门、天王殿以及东配殿还保存完好，大殿斗拱依然还是明时的建筑。

蓑衣胡同很短小，位于福祥胡同北侧。蓑衣胡同13号作为电视剧《贫嘴张大民的幸福生活》的拍摄地而被很多人所熟知。大门虽然破旧，但却是制式完整的"蛮子门"。在清时的四合院，大门不能随意建造，要按职位高低以相应制式建造，蛮子门通常是商人富户常用的宅门形式。胡同2号，曾居住过末代皇帝爱新觉罗·溥仪最小的胞弟——爱新觉罗·溥任。溥任出生在什刹海沿岸的醇亲王府，他的父亲是醇亲王载沣。他一生从事教育工作，将家中藏书与自己创办的私立学校都捐献给了国家，退休之后研究清史直至去世。

雨儿胡同全长343米，明朝时被称为雨笼胡同，清雍正时，镶黄旗的值年旗衙署就设立在胡同北侧、今25—33号院。值年旗衙署负责办理八旗通行的事务、记录档案和召集旗务会议等部署各旗分别办理的事宜，至今27号院内房屋仍保有雍正时期遗留的硬山顶合瓦清水脊，是一处颇具有文物价值的老屋。值年旗衙署东侧便是齐白石老人的故居，现在故居前悬挂着"北京市美术家协会"牌子。白石老人在此没住多久后便搬去西城的跨车胡同。

帽儿胡同全长585米，是一条名声在外的胡同。明朝时候，帽儿胡同是梓潼庙文昌宫的所在地，其旧址为胡同的21号。帽儿胡同最显赫的，就是清末光绪年间（1871—1908年）大学士文煜的宅第花园，位于胡同7—13号。文宅规模庞大，由五座院落并联而成，占地面积共1.1万平方米，虽比不上王府奢华，但布局巧妙，山池亭榭一应俱全。宅院中的花园，仿照苏州拙政园和狮子林建造，落成于咸丰十一年（1861年），南北长97米，东西宽约26米，面积只有4亩左右，被称为可园。可园分为前后两院，前院是一池曲折碧水，后院是玲珑雅致的假山，东部设有长廊可以连通前后院，而院西侧各设有一座小花厅。文煜在造成后在题记中写道："命之曰'可'，亦窃比卫大夫'苟合苟完'之意云尔"，"拓地十方，筑室百堵，疏泉成沼，垒石为山，凡一花一木之栽培，一亭一榭之位置，皆着意经营，非复寻常"。花园里种植了珍稀树木，微风徐徐时，树枝摇曳，绿水生波，建筑古朴，恍若苏州。

帽儿胡同13号院的门洞已经改为住家，如今从外面看不出院子里到底有多气派。民国时期，北洋政府的总统冯国璋被迫下野后，曾在此赋闲，一年后就在这所院子里病故。冯国璋死后，其家人将宅子的一部分出租给故宫博物院的创始人朱文钧，其子朱家溍在这里度过了幼年时光。朱家是宋代理学家朱熹的后代，朱家溍为第25代孙，在父亲的影响下，朱家溍成为文物收藏大师，被喻为"文物界的国宝"，在文物收藏与鉴定方面的造诣堪与张伯驹比肩。

帽儿胡同35号，是末代皇后婉容的故居，因婉容晋升为皇后，婉容的父亲也被升格为"承恩公"，所以这座府邸也改为承恩公府。遗憾的是，而今的这座院落除了门楼保存尚好，院内已经成为居民混居的大杂院了。

帽儿胡同45号，即清朝时的提督衙门，也被称为步军统领衙门，俗称九门提督，负责执掌整个京城的治安，并可调动蒙汉八旗三万步兵，协理刑部，看似官职不大，其实是掌握京城命脉的管理机构。

景阳胡同7号、9号曾为末代皇妃婉容亲戚的住宅，现在的院门留存广亮大门的走马板及门簪，多了如意门的装饰。在清朝，广亮大门是仅次于王府制式的大门制式。

沙井胡同11号也是一处清末建筑，5号院曾是清代光绪年间清末内务府大臣奎俊故宅的前宅院，他主宅院位于黑芝麻胡同13号院。瓜尔佳·奎俊（1843—1916年），清末大臣、书法家，满洲正白旗人，是京城四大财主之一，也是荣禄的叔父。黑芝麻胡同南邻沙井胡同，明时据传胡同内有一位何姓的，开了一家以糊纸马为主的"七巧斋"作坊，后人便以其谐音称此地为何纸马胡同，到清宣统时改为黑芝麻胡同。奎俊府的主宅有五进院落，建有花园。民国时期北京大学教授、后任国民党高官的顾孟余也曾在此居住。

前鼓楼苑胡同7号是保存比较完好的四合院，共三进院落，有垂花门、正房、厢房、耳房、后罩房、游廊等。过了鼓楼苑胡同，就告别了南锣鼓巷琳琅满目的缤纷世界，来到了弥漫着北京旧日风情的鼓楼大街。

南锣鼓巷胡同一带种植了很多国槐、柳树与丝棉木树,为南锣的四季增添了花香与色彩。

中戏与曾经的先锋小剧场

大部分人来南锣鼓巷,是为了南锣鼓巷内与众不同的美食与胡同风情,也有人选择在四合院的露台上喝一杯咖啡,在狭窄的小店里淘一淘风格迥然的商品,或者在街边的吧台上喝一杯啤酒,看看擦肩而过的陌生面孔。人们在胡同里走来走去,会看到一座学校,这就是中央戏剧学院,简称中戏。作为中国舞台和影视表演学习的顶级学府,中戏培养了很多国内外知名的演艺界人士,但学校的面积却不大,只占东棉花胡同和北兵马司胡同之间西部的一部分。中戏的校址原是段祺瑞政府陆军总长、代理国务总理靳云鹏的旧宅。位于北兵马司胡同的中戏剧场曾引领过北京文化界的潮流,剧场曾经上演过很多先锋话剧,比如《恋爱的犀牛》《千禧夜,我们说相声》《他没有两个老婆》《我爱抬杠》《玩偶之家》等,现在成为学生们的教学剧场。

PART 02
斜市街与什刹海，银锭桥的不夜天

什刹海烟波浩渺，是元代运河漕运的起始点，元、明两朝什刹海船来船往，遍布舞榭歌台、酒楼茶坊，热闹非凡，杨柳岸晓风残月，彼时，秦淮风月的绚烂都敌不过京城什刹海千帆隐映、火树银花的热闹。相隔千年之后，什刹海又热闹了起来，河畔的风景犹在，银锭桥的月依然美如画卷。

✕ 对于北京人来说，银锭桥才是什刹海的象征。

元朝的商业规划与斜街市

什刹海成为酒肆茶楼的娱乐区并非偶然。元朝时,钟鼓楼商业区在城北,是"后市",什刹海和烟袋斜街都是钟鼓楼商业区的一部分。到了明朝,为了稳定京城经济,从南方迁来大批擅长经商的百姓居住在什刹海的岸边,一时间,水畔的奢华房屋鳞次栉比,一派富贵景象。

元朝通惠河建成之后,积水潭成为重要的漕运码头,《大都赋》中这样描绘积水潭的繁忙:"扬波之橹,多于东溟之鱼。驰风之樯,繁于南山之笋。"当时的鼓楼西大街被称为斜街市,是往返积水潭与什刹海的主要道路,一时间成为最繁华的商业中心。在明朝属日忠坊,明中后期之后,因为河道淤塞,漕运改为陆运,但斜街的生意却丝毫没有受到影响。清朝划为正黄旗地界,称鼓楼西斜街,将北果子市设在这里。

清兵入关后,满、蒙、汉军三旗的官员、兵民大都有吸烟的嗜好。由此,京城的烟铺也逐渐兴盛了起来。到了清末至民初,烟铺的生意都聚集到鼓楼斜街最南端的一条短短的小街上,这就是烟袋斜街的前身。

这条街在元朝时已存在,直至明朝中期朝廷都将管理海子捕鱼的机构"打鱼厅"设立于此,故称作打鱼厅斜街。《京师五城坊巷胡同集》中记载道:"日中坊二十二铺,北安门西……银锭桥,打鱼厅斜街。"清末时,居住在什刹海附近的八旗子弟失去俸禄,纷纷拿出家中的古玩字画来烟袋斜街变卖,一下子这条200多米长的小胡同成为最具诱惑力的古玩市场,被称作"小琉璃厂"。在20世纪50年代,还留有老店84家,其中有22家闻名京城的小吃店。

如今的鼓楼斜街,已更名为鼓楼西大街,街道两边的盛景早已不复存在,但能从一些影像资料中看到一二,烟袋斜街则继续肩负重任,成为全

※ 而今,烟袋斜街已成为一条记载北京回忆与文化的老胡同。

国历史文化名街,依然有不少百年老店开在这里。比如门口挂着老上海月份牌的利通商店,清道光年间1820年创办的鲁菜酒楼——庆云楼饭庄,1896年开办的中国最早的大清邮政局等。

银锭桥的西山与月色

出了烟袋斜街南口,就来到了银锭桥。这座像一锭银元宝的石桥,始建于明朝,南北横跨在连接前海和后海的最细处,长12米、宽7米、高8米、跨径5米。有人说,银锭桥的名字是因为桥下木桩之间是用银锭锁固定的。不管真假,这座小小的桥一直是北京的极致美景。

"银锭观山"是燕京小八景之一。如果恰好赶上夏季的满月时分,站在桥上,湖水氤氲,圆月像是触手可及的碧玉,蛙鸣声从荷叶下传来,人们的低语声断断续续,这一切都仿佛汇成了桥的一部分。明代的大学士、文学家李东阳曾登上银锭桥,遥望西山,题诗句为:"城中第一佳山水,世上几多闲岁华。"从此,"城中第一佳山水"也就成了"银锭观山"的代称。《日下旧闻考》中记载:"银锭桥在北安门海子三座桥之北,此城中水际看西山第一绝胜处也。"可惜的是,后来积水潭医院盖楼,把西山遮住了,自此之后,银锭观山的景致就再也看不到了。

银锭桥南即前海,桥北即是后海,这座小桥不仅衔接着两"海",也连接着几条胡同。除了烟袋斜街,还有银锭桥胡同,这条胡同北起银锭桥,南接南官房胡同;此外还衔接着大、小金丝胡同,这两条胡同,在明朝时候隶属紫禁城的织染所,是工部的作坊。当时这里的织染做工不仅要供应

✕ 大石碑胡同是自鼓楼西大街通往什刹海河岸的必经之路。

紫禁城内所用的布匹，还供给大臣们使用。清朝时期，称这里为金银色绦胡同，民国期间，"色绦"二字又被讹传为"丝套"，后来新中国整改地名，简称为大金丝、小金丝胡同。

桥东边是清朝道光二十八年（1848年）创建的饭庄烤肉季。无论是过去还是现在，老北京人都喜欢来烤肉季。炭火上的烤肉冒着烟，眼前是碧波荡漾的水，窗下是崭新艳翠的杨柳枝条，空气中飘荡着荷花香，这些都成为上好的佐餐调料。

桥西沿河北侧，是蜿蜒曲折的鸦儿胡同。元代称沿儿胡同，明朝时因胡同上坐落着广化寺，便称为广化寺街。清朝时被划为正黄旗，称作沿儿胡同，谐音为鸦儿胡同。鸦儿胡同内不仅有宋庆龄故居，还有作家萧军的故居"蜗蜗居"。广化寺古刹在清末曾一度成为京师图书馆，现在是北京市佛教协会所在地，而原来的蜗蜗居却已人去楼空，旧迹难寻了。

官房胡同是清中期兴建的，因兴建较晚所以至今保存尚好，顾名思义，这里曾是清朝时官员的居住地，但并不是他们的自有房屋，而是为了

✕ 五颜六色灯光下的什刹海夜色充满了旖旎的风情。

解决外省官吏进京上任后的起居租赁而建造的。清朝时，除了王公勋戚以及皇帝封赏外，大部分官员并没有自己的地契房产，很多人都选择租房住，基本上"百官都无居住，虽宰执亦是赁屋"。

桥西北处是大、小石碑胡同，其中小石碑胡同是由大石碑胡同分拆出来的。据《燕都丛考》引《骨董琐记》记载："德胜门大街大石碑胡同协和修道院，故广化寺也，有明毅宗赐曹化淳御笔草书碑，高丈余，字径五六寸，笔势挺秀。"明毅宗即崇祯皇帝，曹化淳是当时被崇祯重用的东厂提督，负责处理魏忠贤制造的冤假错案，据说经他手平反昭雪的案件有两千多件，是一位颇有能力的宦官。

夜幕下的游思

20世纪90年代，什刹海沿河一带建成了第一个酒吧。紧跟着，便是咖啡店、酒吧以及小饰品店遍地开花，因此这一方水、船、树、灯以及胡同、高墙、四合院交织而成的风情，便开始吸引着那些夜不归宿的北京人，也吸引着热爱极了老北京风情的游客。什刹海的酒吧相对简陋，几个老木窗、几条板凳、能把人陷进去的软沙发或者是藤条椅子，再在小桌子上铺个小花布，就是酒吧的室内装饰，而房子大多也是四合院的临街房改装的，即便如此，也依然吸引络绎不绝的人们。

夏季，如果白天去什刹海周边的胡同游玩，那么在乏累后可以去什刹海的水上乘船摇橹。小船飘荡在水面上，丝竹乐曲奏起，岸上灯光摇曳，可以叫几个小菜，买一瓶小酒，在桨声灯影里享受着什刹海的风情。

PART 03
老劝业场的新设计，正阳门前的国货之光

若说改变，处于商业前沿的大栅栏从不甘落后，最近几年最直观的变化就是整个廊坊头条、劝业场，东至珠宝市街，西至煤市街，南至廊房二条，北至西河沿街等地，全部进行了大改造，变身之后的名字，叫"北京坊"。

✕ 北京坊新建筑的玻璃镜面映射出劝业场的老建筑。

古老的坊与新世纪的碰撞

坊是北京旧有的地名单位,元大都设坊五十座,明嘉靖三十二年（1553年）加筑外城,其中内城九座坊、外城二十七座坊,共计三十六座坊,那时正阳门是一个划分内外城的标志性建筑。清《宸垣识略》一书中记载,北京分为皇城六坊、内城二十坊和外城八坊。外城八坊为：正东坊、正西坊、正南坊、正北坊、崇南坊、宣北坊、宣南坊以及白纸坊,大栅栏就位于外城八坊,商业繁荣。

清光绪三十二年（1906年）,为了促进百姓对国货的认知,清政府农工商部在廊房头条的会元堂旧址设立"京师劝工陈列所",建筑于第二年落成,规模宏大,全国各地各省都调运来当地的产品在此陈列。但谁也没料到刚刚开业,相邻店铺失火,导致陈列所内原本齐全和规整的物品多半都被毁掉了。经农工商部商议,陈列所改建在了广安门内大街的下斜街,

✕ 劝业场的老建筑,是欧洲文艺复兴时期欧洲各国建筑的巧妙融合。

廊坊头条的旧址新建专门用于国货产品销售的劝业场。为扩大规模，1908年又将隔壁六所院落一同租下。建成的劝业场共三层楼，有一百四十余家店铺进入，在每层的木制店铺中经营，生意涉及百货、餐饮和娱乐。"劝业"二字源自"劝人勉力，振兴实业，提倡国货"，出自维新变法，在内忧外患的社会背景下，寄托了一个时代实业图强的希望，也是第一次给老百姓树立了"国货"的概念。

劝业场一开业，就引起了巨大的轰动，这是北京历史上第一座大型综合商场，商场里还安装了北京的第一架电梯。作家肖复兴如此描述道："劝业场前后两门，正门在廊房头条，比较宽敞，但我觉得没有后门漂亮。后门立面是巴洛克式，下有弧形的台阶，上有爱奥尼亚式的希腊圆柱，顶上还有拱形阳台，欧式花瓶栏杆和雕花装饰，包子褶似的，都集中在一起，小巧玲珑，有点儿像舞台上演莎士比亚古典剧的背景道具，尤其是夜晚灯光一打，迷离闪烁，加上从前门大街传来的市声如乐起伏飘荡，真是如梦如幻。"

几经沉浮的劝业场早失去了往日繁华，一度成为人庭冷落的新新服装店。如何将历史的辉煌与今天的市场结合在一起，既赋予它新生，又能寄托着人们对这座城市多元化的记忆？这是一个考验。2018年，经过充分地考察，数位顶级建筑设计师在复古与创新之中平衡，既不偏颇于新又不摒弃旧有，用近十栋古老的巴洛克式建筑复原了劝业场的原貌，与这些古老建筑相互交叠的，是先锋的设计和充满现代质感的装饰材料，高档百货、时髦餐厅、现代咖啡店、甜品店、别具一格的书店、影院、艺术文化展馆、充满设计感的酒店等在短短的时间纷纷入驻，很快成为时尚品牌钟爱的地方，也再一次成为北京城内追求潮流与时尚的青年人流连忘返的地方。

PART 04
杨梅竹斜街,文艺范儿与烟火气

杨梅竹斜街,长496米,东起煤市街,西至延寿街,连接着大栅栏和琉璃厂。它曾是旧日京城里一颗璀璨的文化名巷,声名远播,这里曾住过乾隆御用书法家梁诗正,披着棉被写出《边城》的沈从文,康有为、梁启超、鲁迅等人也曾在这里把酒言欢、畅谈理想。今天的杨梅竹斜街,安静

✕ 鲜花、老建筑、咖啡与胡同的组合,使得杨梅竹斜街散发着惬意而慵懒的气息。

却不孤寂，那些或立于街旁，或藏身于院落街角的书局、设计工作室、异域风味的酒肆，使得杨梅竹斜街又焕发出全然不同的生机。

扎堆的书局与故居

杨梅竹斜街是北京比较早的一条胡同，自元代北京城建成以来逐渐形成，在清乾隆十五年（1750年）的《京城全图》中，被标注为"杨媒斜街"，只因当时这里住着一位姓杨的媒婆。到了光绪年间，改谐音为"杨梅竹斜街"，后北京整顿地名，喜兴胡同和一尺大街一起并入杨梅竹斜街。

清末，杨梅竹斜街是北京的八大胡同之一。民国时期，这里成为"出版社一条街"，街上并排开着世界书局、中正书局、开明书局、广益书局、环球书局、大众书局、中华印书局共七家书局，在当时，书局并非等同于今日的书店，它是政府指定刊印书籍的机构，有着较高的社会地位。来往书局的文化人士和权贵较多，逐渐地，一些高档和雅致的酒馆、餐厅和各种时髦场所也开在这里。

相较很多被破坏严重的胡同来说，杨梅竹斜街对故居的保护尚好。61号的酉西会馆，是清朝时湘西人出钱修建的，取"酉水之西"之意，是专为当时湘西十三县读书人入京应试或候补知县落脚准备的。1922年秋天，沈从文先生从湘西保靖出发，来到北京求学，最先落脚的地方就是这里。沈先生在这里写出了《边城》《长河》《湘西散记》。 25号，曾是乾隆帝御赐给户部尚书、东阁大学士梁诗正的宅邸，如今成了大杂院。清末民初，曾经风靡一时的高级娱乐场所青云阁曾是文士、官员、商贾、贵胄经常消

在保留老建筑之外，杨梅竹斜街上的很多商铺也进行现代设计和改装。

遗的地方，蔡锷将军与小凤仙便在此相识。如今，青云阁已难觅其踪，但其后门还能在胡同中寻觅到，门上"青云阁"的石匾额清晰可见。此外，湖笔大师戴月轩的故居、京剧武生杨小楼故居、评剧演员新凤霞故居也都在胡同里。

济安斋书店与兔儿爷

明朝万历年间，来自河北的王回回在杨梅竹斜街开设了一家名叫济安堂王回回膏药铺的店铺。因为膏药药效显著，不久就享誉京城。民国时期，王回回狗皮膏药、王致和腐乳、王麻子剪刀被称为京城"三王"。王家传人一直在坚持制作膏药，抗美援朝期间，当时主理药铺的后人王亮主动捐赠大量自产膏药，缓解了志愿军战士们在战场上的伤痛。1953年，志愿军后勤部门领导还派专人到济安堂表示感谢。1956年，国家开始推动公私合营，王亮将药铺的资产、秘方贡献出来交给了同仁堂，并带领全体王家药铺的职员到同仁堂工作。直到今天，秘制狗皮膏药依然是同仁堂的知名产品之一。

王家老店现在被后人改为书店，同时也是一家小小的家庭博物馆和咖啡馆。

胡同的东口，是北京非物质文化遗产"北京泥彩塑"传承人张忠强的工作室。他的工作室只有11平方米，古色古香的红砖墙壁上，摆满了各型各色的兔儿爷，每一件作品都栩栩如生。这位民间彩塑大师，已经制作了一万多件兔儿爷，他创作的每一件作品，都赋予了兔儿爷鲜明的个性，有的憨态可掬，有的威风凛凛，凝聚着多年来的心血和对传统文化的坚持与守护。据说，他的工作室不仅仅售卖兔儿爷，还肩负着宣传兔儿爷和北京彩塑等老手工艺的使命。

PART 05
西打磨厂，沧桑老宅与时尚的交锋

　　明朝初年，房山的几位石匠在崇文门外成立了打制磨刀石和石磨的作坊。由此，这条街上吸引来越来越多的打造铁器的作坊和店铺，这就是东、西打磨厂街的由来。到了清朝，这条胡同以打磨厂为名，横亘在前门和崇文门之间，成为当时北京外城最长的一条胡同。清末，打磨厂是有名的"邮政街"，北京的十家民信局其中九家在打磨厂，和西河沿、鲜鱼口、

✕ 今日的西打磨厂街是一条融合了现代设计元素的创意胡同。

大栅栏并称为"前门外四大商业街"。民国期间,以新开胡同口为界,分为东、西两段,东打磨厂成了售卖图书、折扇等文人雅器的文化街,而西打磨厂成为前门外的一条著名商业街。

经过了六百多年的风雨洗礼,西打磨厂街青砖墁地,巷陌安静,信步其间,不仅可以见到古意犹在的百年老字号同仁堂的乐家老堂、临汾会馆,还可以见到马岩松、朱小地、隈研吾、孟岩等七位现代建筑师以胡同里的老宅院为基础,打造的七个极具创意精神的院落。

瑞华染料行变身为打磨厂共享际

与旧照片对比,民国时期开张的瑞华染料行变化并不是很大,门外那尊小石狮子相传是颐和园旧物,大门的两旁保留着一百年前雕刻上去的

✕ 经过设计重装的瑞华染料行,外观依然保持着古旧的原貌。

"靛青颜料，零整批发"的字样。瑞华染料行的院内，却有了彻底的改变。位于西打磨厂街210号的整个院子被巨大的落地玻璃、金属框架、原生的木料交错切割的空间所占据，恍然间会产生一种身处现代建筑中的错觉。再向前，出了房屋，是刻意保留下的露天院子，使人瞬间豁然开朗，古树依然生机盎然，老树的枝丫与西斜的阳光交织成跳跃的光影，立时把人拽回到老北京的生活里。而今的老染料行是精品公寓，为在这个城市中打拼的创业者提供公寓出租，同时还提供咖啡、花艺、洗衣等服务。

自瑞华染料行步行5分钟，就到了清末时的义成店旧址，因临近前门火车站，一百年前这家旅馆常常房间爆满。作为共享际的一部分，义成店被改造成古色古香的共享办公空间，一层是"城市会客厅"，可以共享使用。瑞华染料行与义成店组合而成，合称为打磨厂共享际。

旧协和医院改造的隈研吾事务所

清末的协和医院旧址在西打磨厂220号，先后作为苏联医院、日本医院使用，时光的摧残使得医院早已破败不堪。2014年，一场以城市更新和保护为目的的"城南计划"开启，旧西打磨厂220号由隈研吾北京事务所进行改造设计。隈研吾是日本知名的建筑设计师，享有很高的国际声誉。隈研吾保留了这个院落的青砖墙面，以中国元素、现代材料进行制作，镂空的挂檐板、西式格栅、木门等，有着一种别样的美感。院落打造好后，隈研吾建筑事务所率先入住，成为老院子的第一批客人。

✕ 西打磨厂街220号隈研吾设计的镂空挂檐板

胡同泡泡与和院

西打磨厂街218号的和院,是2009—2019年由马岩松建筑事务所设计的。民国时期,这里与220号一起,也是协和医院的一部分,一度被废弃,成为混乱杂居的大杂院。设计师保留了建筑的主梁结构,重新精雕细琢了屋檐窗格,色彩古朴雅致,使得四合院的基因得以延续,又具有民国时期流行的西方古典主义风格。在和院的二楼天台,有一组由不锈钢质地的巨大银光泡泡组成的雕塑。这组泡泡是马岩松先生的重要作品——"胡同泡泡",据说它的含义是生活的理想与梦想,就像儿时吹出来的泡泡一样轻盈,自由地"飘浮"在老胡同的屋顶上。

变身为陈列馆的临汾会馆

西打磨厂街105号的建筑，是明清时期的临汾会馆。当时山西临汾县有很多在京的商人，以经营纸张、颜料、干果、烟行、杂货为生。商人们集资在前门一带建会馆，当时分为西馆和东馆，西馆在前门外廊坊三条，东馆在西打磨厂街。现在的东会馆经过完整的复原，保留了会馆最初的格局、院落以及建筑，成为首都第一家会馆文化陈列馆，收集了北京城丰富的会馆文化资料，并对外开放。

同仁堂乐家老宅

电视剧《大宅门》中"百草堂"的原型，是北京著名的制药老字号同仁堂。但同仁堂的东家不姓白，而是姓乐，乐家老宅就位于西打磨厂46号。

同仁堂的历史可以追溯到清康熙八年（1669年），乐显扬是医术精湛的清廷御医。乐显扬的第三子乐凤鸣，字梧岗。他恪守父训，接续祖业，于康熙四十一年（1702年）在北京前门外大栅栏路南开设了同仁堂药铺，家宅位于打磨厂。到了雍正时期，同仁堂成为宫廷御药"供奉"，地位显赫，业大而家大，乐家老宅气派恢宏，有二百多间房子。在抗战和解放战争时期，乐家老宅是一处秘密的情报工作站，乐家十三世孙乐元可的夫人李铮，原名李竹浓，是中共晋察冀中央局社会部平津情报组成员，夫妇二人长期为地下组织保管、兑换经费，传递情报，输送药品，为革命事业做出

位于西打磨厂街东口附近的利群烤鸭店

了很大贡献。新中国成立后,乐家将同仁堂贡献给国家,百年私人老店也成了国营老字号。

晚清时期,打磨厂不仅有各种作坊,还有四家银行汇号——协成乾在聚泰店、义成谦在公和店、存义公在同泰店、志一堂在太古店。西打磨厂222号,早年间便是这四家银号中的一家,院子里至今还保留着戏楼和银库的旧建筑,据说陈独秀也曾在这里居住过一段时间。而今是民智国际文化研究所的办公室。除了汇号,八大祥之一瑞生祥、京城四大饭庄之一福寿堂都在这里。新中国成立之后,北京著名的利群烤鸭店也开在这条胡同附近。

PART 06
鲜鱼口，老字号的复兴与混搭

明朝正统年间就存在的鲜鱼口胡同，已经有近六百年的历史了，在鲜鱼口最繁华的时候，一条短短的胡同里汇聚着餐馆、戏院、浴池、茶楼等，热闹非常。1999年，鲜鱼口成为北京市重点历史文化保护区之一，这条胡同又迎来了翻天覆地的变化，人们不仅可以在这条胡同里从东吃到西，还可看一眼以水为元素的新设计。

鲜鱼口的老字号

鲜鱼口全长425米，从前门大街一直往东到崇文门大街东口，老北京人常说"门到门，三华里"，"花市草桥鲜鱼口，牛街马甸大羊坊"，这两句说的都是这条街。元朝时，这一带是外城，高粱河流经到此，就建了一个码头，久而久之，码头的鲜鱼都拿到巷内售卖，明朝时被人们称为鲜鱼巷，《日下旧闻考》中有记载。而今在鲜鱼口附近，还可以看到以河与水取名的地方，比如三里河、水道子，这些曾经都是北京运河的流经之地。

✕ 重新整修过的鲜鱼口胡同依然是北京民俗生活的代表。

到了清朝宣统年间，高粱河水道干涸，河道两旁逐渐筑起民房与商铺，鲜鱼巷改称为鲜鱼口，吸引来很多老字号来此经营：大众戏院、正明斋饽饽铺、长春堂药店、天兴居、兴华池、便宜坊、都一处、天成斋鞋店、联友照相馆、黑猴百货店和马聚源帽店，等等。最初时商业的繁盛比大栅栏要早，所以民间流传着"先有鲜鱼口后有大栅栏"的说法。

如今，经过改造后的鲜鱼口又恢复了原有的热闹，便宜坊烤鸭店、天兴居炒肝、馄饨侯、力力餐厅、烤肉季、老北京炸酱面以及北京各种本土小吃。其中不得不提的是便宜坊，这家店是名副其实的老店，创建于清咸丰五年（1855年），一直开在鲜鱼口，但最初叫便意坊。当时八旗子弟宴请成风，每天饭馆门口都停满了车马大轿，连慈禧也中意这里

✕ 鲜鱼口胡同内招牌林立的老字号

的烤鸭。清末进士魏元旷在《都门琐记》中记载,慈禧"席之必以全鸭(指烤鸭)为主菜,著名者为便宜坊"。

皇家驿栈的水设计

在锦芳小吃和天兴居的北侧,是以鲜鱼口的老字号兴华园为基础,进行重新设计的皇家驿栈酒店。

浴池,曾经是北京胡同文化不可或缺的一部分,老少爷们儿在浴池里闲聊打招呼,就和在胡同中相遇没有区别。兴华园浴池最初是天有信布店,1940年前后倒闭,据传一位姓张的军官开了这家浴池,后来又转手给一位姓金的老板,浴池一直服务于当时的达官贵人。客人洗澡时,会让店小二到隔壁便宜坊点上酒菜,端到浴池来享用。现如今,曾经宾客盈门的浴池摇身一变成为一个时尚酒店,也算是一脉相承。为了将这座古老浴池的魅力尽情发挥并传承特色,酒店邀请曾设计过美国世贸大楼911遗址纪念馆的美国ASAP事务所担纲设计,将"水"的元素运用到店里的每一个细节之处。

除了水元素,设计师还保留旧有建筑的主体。夏季,站在过去屋顶改造的露台上,远处故宫交错的金顶、景山的青色层峦,近处胡同的灰色屋檐,车流人喧完全隔绝于耳,北京夏日的风火热而猛烈吹过面颊,却令人无法生厌。

PART 07
草厂与芦草园，京城水乡的复兴

自鲜鱼口向东走，不到10分钟，就到了草厂胡同一带。草厂胡同、长巷以及芦草园胡同，都是旧时三里河的河道。《京师坊巷志稿》里说："正阳门东偏，有古三里河一道……""芦草园即坊巷胡同集之芦苇园也，盖前明积草之地，故其北草厂诸胡同皆以是名。"而今，这些老旧房屋和旧河沟经过了彻头彻尾地改造，形成了一幅小桥流水人家的图画，充满野趣灵动。

草厂胡同的复兴记

从最西侧的草厂头条到东部的草厂十条，草厂一共有十条胡同。鼓楼东侧草厂胡同曾经肩负国家行政职责，而前门外的十条草厂胡同则是完全为民间服务的。在过去，由于这里是河道，胡同的走势也沿河而建，弯弯曲曲。这一带的百姓用芦草园以及三里河道里长出的芦苇和蒲草编成草鞋或晒干成牲畜饲料售卖，以此养活一家老小，编席工匠的作坊聚集的地方就是今天的大席胡同和小席胡同。

✕ 疏浚后的三里河水质清澈，宛若江南水乡。

  自清朝开始，桥湾以北一带非常繁华，到了清末民国，居住的大都是中等收入的人家，房屋整齐，还有很多会馆。据《京师坊巷志稿》记载，草厂的会馆多达二十四所。现如今，大部分会馆都已寻觅不到踪影，只留下断壁残瓦和柴火大院，唯有广东惠州会馆有着比较完整的建筑。喜欢访古的人会到草厂头条7号院的广东会馆南馆一探究竟，清末民初著名学者、程砚秋的出道恩人罗瘿公就曾居住在这里。罗瘿公（1872—1924年），是清末民初诗人兼京剧剧作家，父亲曾供职于翰林院，家境颇为殷实。

  在经历一段混乱、破败的光景后，2009年，到处都是拥挤的大杂院的草厂终于迎来了翻天覆地的变化。北京市将草厂定为二十五块历史保护区之一，加大力度进行改造，经过几年的时间，这一带的胡同焕然一新，尤其草厂四条胡同，还曾经获得过北京十大最美街巷的奖项。

漫步在今日的草厂胡同里，精雕细刻的屋檐、朱红的门栏、灰色的墙壁、街巷青砖墁地，墙上爬满爬山虎，墙角种植着月季和玫瑰，点滴之间，都是一本北京似水流年般的日记。

与京剧的不解之缘

芦草园，最初是一块长满芦苇的水塘，后来被填平为胡同，逐渐形成北、中、南芦草园三条胡同。南芦草园和北芦草园是东西走向，中间隔了一条短小精悍的中芦草园胡同，这几条小胡同不仅是草厂一带地名的由来，也曾是清末民初北京京剧名角们的聚集地。以芦草园胡同为中心，方圆一公里的地方，曾先后居住过五十多位京剧名家。

清朝时，由于徽班进京，京剧在北京的蓬勃发展，但当时的内城却严格禁止建设戏院，《道咸以来朝野杂记》中便有这样的记载："戏园，当年内城禁止，惟正阳门外最盛。"正阳门外，也就是前门外大栅栏一带，成为梨园文化的兴盛之地，而芦草园距前门步行十多分钟，四合院也都建得整齐干净、价格便宜，成为很多刚刚崭露头角的京剧名伶安置家业的首选。

芦草园胡同9号（今75号），是"四大名旦"程砚秋的故居，与位于北芦草园往西青云巷8号（今青云胡同29号）的梅兰芳故居相距不远。

※ 芦草园胡同内颇具特色的代表性民居

烟花之上的三里河公园

　　历史上，北京有两条三里河，但是大多数人都只知道西三里河，而不知道东三里河。东三里河形成于明正统二年（1437年），当时挖这条河道是用于紫禁城泄洪。到了清朝，三里河失去它原本的用途，又因长期不疏浚，原本清澈的三里河成了臭水沟。清末，为了省事，人们干脆就把大部分河道都填平，改为陆地，并在河道上建房盖舍，但还有部分余留河道，成为一潭潭臭水。新中国成立后，臭水沟被改为地下暗沟，老舍笔下的"龙须沟"就是三里河的一段河道。在草厂改造完工后，2017年，政府又着手对三里河进行了疏通，恢复了三里河河道。经过重新设计的河道与胡同里的水系相通，虽然不足一千米，但却足以重现明朝时三里河的水乡风景。河水清澈明亮，河岸上遍植花草树木，河里种了荷花和睡莲，丛丛芦

× 五月的三里河沿岸鲜花盛开，春风习习。

苇茂盛，每到春季，落英缤纷，别有景致。而秋季时候，河水里的芦苇被秋风吹成了满眼金灿灿的黄色，映衬着胡同的灰墙黑瓦，成为京城最令人难忘的秋色，如诗如画。

近些年，河岸畔开了些书店和咖啡馆，风格简约，富有书香气息，在老屋的映衬下，新增设的落地玻璃窗、木色栅栏被映衬得明朗清澈，与眼前的河景、古道老树相应，朴素、灵动与诗情。

前门 Citywalk 指南

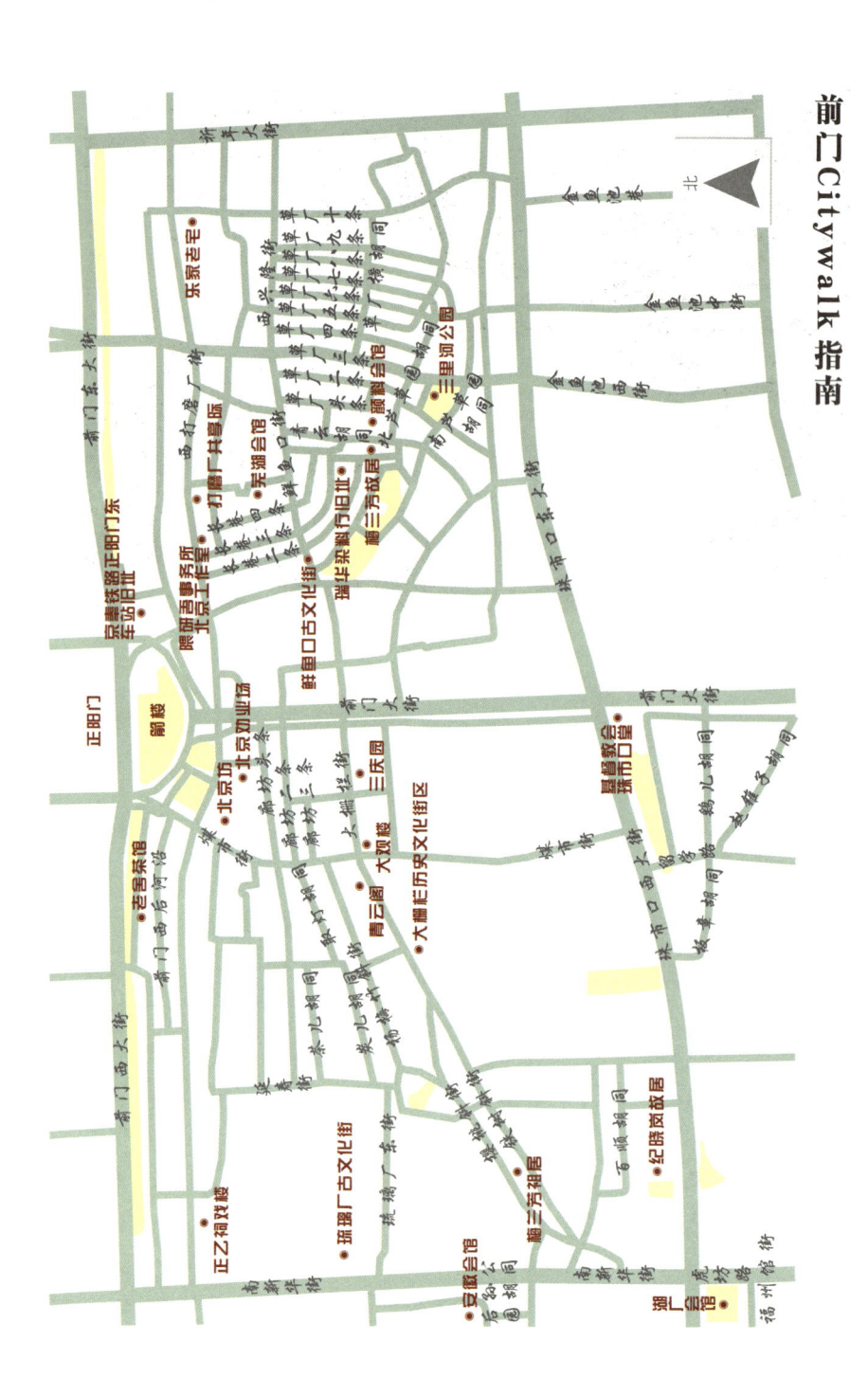

PART 08
隆福寺，艺术与书香的新老交替

北京人所熟悉的隆福寺，是北京最古老的庙会所在地之一。作为北京曾经最知名的商圈，隆福寺在20世纪八九十年代，和西单、东四一起显赫一时。沉寂了多年，它又在几乎被人所遗忘时突然崛起，带着全新的气质出现在大众面前。

隆福寺的兴衰

隆福寺商业区形成很早，它一直与东四共兴衰。但隆福寺比东四的繁华晚了几乎一个朝代，明景泰三年（1452年），朱祁钰钦定在东四的一条胡同内建立寺庙，这座寺庙后来成为全京城最大的藏传佛教寺庙——隆福寺。寺庙建成后的第二年，在胡同东口建了"第一丛林"牌楼，后来山西巡抚都御史朱鉴觐见，说此牌楼有伤风水，牌楼被拆去。后来1723年修隆福寺，1910年火灾后再次修隆福寺，按照风水之说都没有再建过牌楼，1999年重建隆福大厦，才又重新修建了牌楼。

隆福寺最初的繁华,是由清初的庙会开始的。庙会一开便吸引了四九城的北京人:"百货骈阗,为诸市冠","凡珠玉、绫罗、衣服、饮食、古玩、字画、花鸟、鱼虫,以及寻常日用之物,星卜、杂技之流,无所不有"。因为东西多,隆福寺的声望极大,不仅老百姓愿意到这里淘换玩耍,一些王公大臣和在京的外国人也到此来搜罗古玩珍奇。隆福寺小吃,伴随着庙会一起发展,爆肚儿、灌肠、茶汤、卤煮火烧……很多老北京人都是吃着隆福寺小吃长大的。

在20世纪,很多京城里的文化人逛隆福寺却另有爱好,这里以前有过一条旧书铺林立的街道,而今,那些书店也都合并的合并、搬迁的搬迁、关张的关张,就连古老的中国书店,也已搬迁他处。

经过近二十年的沉寂,2012年隆福寺进入了全面改造,首先进入大众

✕ 复建后的隆福寺

※ 俯瞰隆福寺一带的胡同、整齐划一，保护完好。

视野的是全新的隆福大厦和隆福寺北里，被命名为隆福寺文化创业区，整个建筑面积约7.5万平方米。改造后的隆福大厦抛弃了原来的中国风，浓郁的工业风与大面积的现代设计色彩撞击着视觉神经。大厦的一层，除了新引入的时尚咖啡馆以及特色店铺外，还有引人注目的书店。顶层又是另外一个天地。在这里不仅有可以眺望故宫、奥林匹克塔等的宽敞露台，还有复建后的隆福寺。

三联韬奋书店

三联韬奋书店，全名应为生活·读书·新知三联书店，一直被简称为三联书店，与隆福寺相隔不过百米。即便隆福寺大厦在最没落的时期，三联书店的顾客也一直络绎不绝，很多人慕名跨城而来，更有很多年轻的学子，在这里度过一个又一个昼夜。它曾是北京第一个提供24小时营业的书店。

三联书店位于崔府夹道的胡同口，崔府夹道是一条明朝时就有的老胡同，也是昔日隆福寺庙会很热闹的一条胡同，因胡同内居住着崔氏太监而得名。它的南侧是鸟枪胡同、北侧是铜钟胡同，这两条胡同都是因形状而取名的胡同。三条胡同都很短小，清朝时属正白旗。

三联书店由三家爱国书店联合创办而成，这三家书店分别是：生活书店、读书出版社和新知书店。生活书店成立于1932年7月，创办人是邹韬奋、胡愈之、徐伯昕等，前身是创办于1925年的《生活周刊》。读书出版社成立于1936年，创办人是李公朴、艾思奇、黄洛峰等，前身是1934年创刊的《读书生活》半月刊，1937年更名为读书生活出版社。新知书店成立于1935年，创办人是钱俊瑞、徐雪寒、华应申等，前身是《中国农村》月刊。

三店先后各自在上海、汉口、广州、西安、香港等地开办过上百家分店，同时出版印刷发行爱国刊物。1943年12月，针对当时的局势，为了更好地宣传自由、民主，邹韬奋联合出版界的爱国志士一起组成一个新的出版团体。抗日战争胜利后，这个由数十个出版社组成的新书店开始正式营业，因为店员大部分都是生活、读书、新知三家书店的店员，便称为生活·读书·新知三联书店。1949年3月，三联书店迁至北京。季羡林曾在一篇名为《我心中的三联"店格"》的文章中写道："我，作为一个老知识分子，经过了多年的观察与思考，把我心目中三联书店的'店格'归纳为八个字：清新、庄重、认真、求实。"

而今的三联书店，除了满屋子货架上的图书外，书店内常年会飘散着咖啡香，咖啡角成为书店的标配。不仅如此，每一次的装修更新，书店都从没有忘记给读者保留着几张读书用的桌子。

中国美术馆与77号文创园

与三联书店邻近的中国美术馆,有着端庄而优雅的外表,土黄色的琉璃瓦与飞檐,淡雅的浅黄色墙体,这座建筑是新中国十大国家建筑之一,也是迄今为止,我国唯一的国家造型艺术博物馆。

中国美术馆装载着很多艺术家与艺术爱好者的梦。美术馆正门对面是一排美术用品商店,商店里总会聚集着艺术家或艺术爱好者。中国美术馆建于1958年,展馆总面积6660平方米,另外还有3000平方米的展示雕塑园和4100平方米的现代化藏品库。今天的美术馆,具备着世界顶级美术馆的配置,从温控到灯光展览条件、馆内色彩等,极具现代化。从主楼的一层至六层楼,一共有二十一个展览厅,收藏着各类美术作品十一万余件。

转过美术馆,在黄米胡同和亮果厂胡同的北侧、小取灯胡同的东侧,是位于美术馆后街77号的77文创园,前身是北京胶印厂,它最主要的功能是戏剧排练,这里有十八个大小不一的排练厅,常年会开设不同的戏剧表演。亮果厂胡同在清朝时也属于正白旗,用于清宫秋收后晾晒干果使用,清朝光绪时擅自签订卖国条约《里瓦几亚条约》的左都御史完颜崇厚曾居于此,宣统的婶母也曾居住在胡同1号院。

✕ 隆福寺大楼外观充满现代气息的新设计

✕ 位于美术馆后侧的77文创园

PART 09
五道营和方家胡同，城市中的浪漫假期

　　五道营与方家胡同的犄角旮儿都散发着浓郁的浪漫气息，胡同里花草遍地，树枝摇曳，枣树的枝丫从四合院里向外伸展。猫儿们也自成一景，居民们坐在路边抱着猫，店铺里躺着猫，屋檐上飞着猫，街角的花丛里躲着猫，这也成为胡同吸引人们到来的一个原因。这一带的店主将店铺装饰

✕ 五道营胡同内的夏日，爬山虎是随处可见的自然装饰。

得异彩纷呈，颇具异域风味，但无论是地中海风格，还是欧美风范，都能与浓浓的北京味儿相呼应，从未显得突兀和不协调。

慢时光里的五道营

五道营胡同东起雍和宫大街，西接安定门内大街，南与箭厂胡同相通，全长只有632米，宽6米，共有院落69个，街坊邻居们经常坐在门前，闲话家常。五道营的位置得天独厚，向北间隔着二环路与地坛相邻，东与雍和宫遥遥相望，向南走几十米就是国子监和孔庙。

但在元朝初期，这里却是一片荒芜。为了修建城防，朝廷招揽了很多民夫工匠，他们在修建安定门到东直门的城防时，将工棚、料库以及生活用地建在了五道营一带。明初，五道营一带没有百姓居住，只有城卫，据传明朝开国大将徐达攻入北京后，沿城巡防守位，走到五道营一带，发现这一带地势开阔却疏于防守，极易被蒙古大军进攻，于是便下令在这里筑造城墙。自此之后，五道营开始派驻兵营，并纳入武德卫的第五道兵营。明朝时，军队设以卫制，一个卫大约有五六百人。武德卫负责守卫城北，以安定门为中心，从东直门到安定门共设五道。到了清朝，五道营属镶黄旗，1965年整顿地名时改称五道营胡同。

七十年前，雍和宫大街北面不能与城外相通，所有出入城的百姓、车辆都要走安定门，许多人抄近路从五道营胡同穿过，由此胡同也渐渐形成一条繁华的街巷。根据老人们的回忆，他们儿时的五道营胡同，有过妇女纺织社、铁艺铺、裱画店、钟表修理店以及旧书修复店，可谓五花八门。

✕ 胡同里的涂鸦

直到1955年，雍和宫大街可以向外通行后，五道营胡同也逐渐失去了它的热闹与繁华。

在今天的五道营闲逛，脚步应放得很慢，才会和这条胡同的气质相匹配。到目前为止，胡同里已经有超过70家特色店铺，雅致的素食餐厅，特色鲜明的小酒馆、咖啡馆、手工艺店，比比皆是，大多有着狭小的店门、宽敞的玻璃，或者隐藏在爬山虎的后边，或者躲在居民院里，慢慢走下去，氛围轻松，别有乐趣。

国子监与国子监街

在乾隆十五年（1750年）所描绘的京城全图中，国子监西墙外设有箭亭，是国子监学生射箭习武的地方。而今，此处被称为箭厂胡同，由此向东拐，就到了国子监。

国子监在历史上出现得非常早。汉代就曾设立太学，晋改称国子学，唐代确定为国子监。"国子监"的"学"与"监"二者有着明确分工和含义，"学"是传授知识，作为全国教育样板，在国子监学习的学生被称为"监生"；而"监"是督查监管全国的教育体系。此处的国子监，始建于元大德十年（1306年），初称为北平郡学，明永乐二年（1404年）又复称国子监，因学子众多，分别在北京和南京设立两处机构。明代国子监享誉海外，吸收了不少高丽、日本、琉球、暹罗等地的留学生。到了清顺治七年（1650年），将南京国子监改为清江宁府学，大力修葺北京国子监。据《清史稿·选举志》记载："世祖定鼎燕京，修葺明北监为太学。"光绪三十一年（1905年），改革教育制度设立了学部，从此便废除了国子监。新中国成立后，国子监曾被作为首都图书馆使用过一段时间，后来图书馆搬走，国子监便与隔壁孔庙合并一处管理。在国子监前院东侧有敬持门与孔庙相通，构成"左庙右学"。

国子监与孔庙虽处于胡同深处，但建筑保存完整，国子监最主要的建筑就是辟雍殿。清代自康熙开始，每位皇帝都需要在国子监讲学一次，被称为"辟雍"，殿内至今还保存着乾隆帝御书的"辟雍"匾额，陈设也还是乾隆"临雍讲学"时的原物。孔庙为皇家祭祀孔子的祭庙，比国子监早建几年，始建于元大德六年（1302年），于大德十年（1306年）建成，后又历经明清两代多次重修，保存完整，又被称为"先师庙"。庙大门称先师门，

国子监内的古槐与紫藤虬扎盘结。

迄今为止，依然以元代的建筑风格为主。

由于国子监的存在，此处胡同被称为国子监街，清代名为成贤街，两侧是苍天古槐遮阴蔽日。胡同里有四座牌坊，胡同东口题额为国子监，西口题额为成贤街。国子监东侧的胡同为官书院胡同，清朱一新的《京师坊巷志稿》中记载，胡同北侧还存有清乾隆十五年的"玉书楼"，官书院的名字应是由此书楼演变而来，以前胡同附近还有小井胡同，后在地名整改中被官书院胡同合并了。

自官书院胡同向国学胡同走进去，在位于胡同西侧的31号内有一座韩文公祠遗址，是唐宋八大家之一韩愈的祠堂。韩愈在唐贞观年间曾任监察御史、国子监祭酒，现在享堂尚存，是国学胡同小学的仓库。

方家胡同的创意精神

自国子监向南,就到了方家胡同。论历史,方家胡同比五道营更具有文艺底蕴。

元朝时,方家胡同就已存在,但名字起源却无从考证。明万历年间,戎政尚书方逢曾住在这里,但据说这也不是胡同名字的由来。古刹白衣庵,应是早于万历年间就建在胡同中的寺庙。有资料记载,寺庙中古柏参天,壁画精美。道光皇帝还亲自赏赐给白衣庵七方兰亭水刻石。这些文物如今已不知去向,白衣庵也空留下门楣上的几个大字。

✕ 方家胡同内的方家胡同小学,是昔日的循郡王府。

方家胡同15号，是一座保存完好的古建大门，大门前有石狮子，门楣上一前一后悬挂着两个牌匾，一个是这座院落昔日的身份"循郡王府"，一个是它今日的身份"方家胡同小学"。循郡王名永璋，是乾隆皇帝的第三子，死后追封循郡王爵。永璋没有子嗣，他的弟弟成恭王永瑆的二儿子绵懿被过继给他，在永璋英年早逝后成为他的继承人，但绵懿却没能世袭循郡王的爵位，所以只能按贝勒府的级别对府邸进行修建。绵懿的后嗣都居住在这座大宅院里，直至清末。

方家胡同小学始建于1906年，其前身是北平国民第十七小学，是当时京城为数不多的公办小学之一。1918年9月，老舍先生在北京师范学校毕业后，被任命为十七小的校长，年仅十九岁。老舍先生只在方家胡同住了两年，课余经常去隔壁的京师图书馆读书。而今"方家胡同小学"牌匾便是老舍先生夫人胡絜青的墨宝，为了纪念老舍先生，方家胡同小学建有文化墙、老舍京味文学小会馆，并且经常有老舍先生作品赏析课程。学校迁入循郡王府后，不仅保留了王府的建筑格局，就连古树都不曾挪动过一寸，这些完好的保护，使得大院里上百年的西府海棠和玉兰树也一如当年，在春季开出满树的娇艳花朵。

胡同的中段是方家胡同46号文化创意园区。这个创意园区原为中国机床厂，胡同也因此成为北京工业史上重要的"机床胡同"。就在二十年前，这里还遗存着20世纪50年代到90年代期间所建成的工厂车间、礼堂、锅炉房与办公楼。如何对这个老工厂进行改造，不仅契合它原有的工厂建筑，还能与周边的胡同氛围不相割裂？久经考察与探讨，一座以"跨界艺术，分享未来"为定位的"方家胡同46号文化创意园区"落成了。原有的工厂格局被保留，改造成为LOFT，吸引小型的具有特色的文化机构入驻。一时间，方家胡同成为京城先锋文化的聚集地。院子里的几家餐厅和酒店，也都彰显着与众不同的个性。

在整个园区里，经常可以见到墙壁上的涂鸦，这些涂鸦精神也被延伸到胡同里。胡同里零散的咖啡馆和餐馆都很小，创意十足，随性简易。胡同中大部分的地方都住着胡同里的老住户，他们坐在街角，头顶是树冠透出来的湛蓝天空，耳畔偶尔传来的鸟鸣，越发衬托着胡同里的静谧和美好。

PART 10
白塔寺周边，创新设计与原住生活

在北京人的心里，妙应寺白塔那尊高耸的白塔是西四的象征，与整个西四的街道、胡同、居民们一起，细数光阴。2015年，白塔寺社区决定在保护胡同文化历史价值的前提下，对胡同进行全新的创新改造。由此，老城再生的项目开始了，它所迎来的客人除了北京国际设计周之外，还有第一座胡同美术馆以及贴近原住民生活的各种新设施。

✕ 围绕白塔寺附近的老胡同和新建了现代化玻璃房的四合院

离不开的妙应寺白塔

白塔寺山门有些斑驳，红色大门看起来颜色不鲜艳，却很沉稳，仿佛与世纪的时光融合。寺因塔而得名，这座中国佛教史上重要的佛寺，内有一座白塔，是我国建筑年代最早、规模最大的元代藏传佛教佛塔。要了解白塔寺的历史，得先从元世祖忽必烈说起。忽必烈进驻燕京之后，看到始建于1096年供奉着佛舍利子的辽代佛塔有些破败，便于1271年下诏重建，并请来尼泊尔的著名工艺师阿尼哥参与设计。阿尼哥按照尼泊尔当时最流行的塔式建造，花费了八年时间建造白塔，一经建成，就轰动了京城。后来清乾隆皇帝又命人将自己手书的《大藏经》供奉于地宫之中。1976年唐山大地震，白塔因遭受余震而损坏，地震过后有关部门对白塔进行了两次修缮，在修缮时，人们意外地发现了白塔里藏着宝物，最珍贵的就是佛陀舍利33颗，以及清乾隆皇帝御笔书写的《大藏经》724函，据说当时出土的

✕ 环绕白塔寺的，是一条条充满古意的胡同。

文物因为数量太多，需用大卡车才能装完。

白塔寺周边的胡同非常多，最具代表性的是宫门口胡同，从宫门口头条到宫门口五条，此外还有福绥境胡同、青塔胡同、东教胡同等，这些胡同与白塔寺相伴久远。电线杆、电线、车铃声以及夕阳下胡同里行走的背影，这些镜头交织在一起，让人仿佛置身于一场关于老北京的电影中。

设计周混搭老胡同

2015—2020年，北京国际设计周每年都会进入白塔寺周边的胡同中，每到这个时候，朴素色调的胡同里总是充满了活力与新鲜的色彩。设计周会举办论坛、对话、展览以及各种各样邀请原住民参与的趣味活动，比如在2019年的设计周，主题是"白塔寺再生计划之暖城活动"。时光照相馆在

✕ 夏夜的啤酒、路边的闲聊、古旧的小卖店，是白塔寺的烟火人生。

四合院内搭建了若干个复古场景，这些场景大部分都是很多人幼年时生活的记忆，人们在此拍照留念，或者是穿过时光回忆起儿时的生活，或者远道而来去体验一次20世纪时北京的样子。2019年恰逢新中国成立七十周年，时光照相馆寻找了六对生于1949年的老夫妇，为他们拍下了具有纪念意义的照片。

2020年的设计周，没有因为疫情而停住脚步，反而交出一份特别的答卷，在这一次的展出活动中，有大量白塔寺附近的居民在疫情防控期间保护家园的珍贵图像。

闯入胡同的美术馆

被国内外建筑设计师所赞叹的胡同美术馆位于宫门口四条。与宫门口四条交错的青塔胡同，因这里曾经建过一座青塔寺得名。明末清初孙承泽撰写的记载北京地理人文等的政事杂集《春明梦余录》中写道，白塔寺"附近有黑塔寺、青塔寺，然寺存而无塔"。《日下旧闻考》也有记载："黑塔寺在南小街冰窖胡同，青塔寺在阜成门四条胡同。相距里许，皆无塔，亦皆无寺额，独各有碑，可考耳。"美术馆也仅存在了几年的时间，后因很难经营而关闭。

美术馆虽然不在了，但建筑依然存在，四四方方的，像一个灰色的盒子，外壁没有采用任何鲜明的色彩，若不留神，就很容易错过。门也非常隐蔽，门口的墙上窗子细长狭小，与周围的古树、电线、人影却异常协调一致，毫无突兀感。

✕ 青塔胡同，是白塔寺附近因寺而得名的老胡同。

"样板间" "会客厅" 与咖啡馆

　　白塔寺片区改造出来的第一个四合院项目，就是大名鼎鼎的福绥境50号院。这是一个试点项目，将聚居了6户人家的大杂院在融入居民所需求的现代化生活设施的前提下，进行保护性设计。设计师在原有的空间里，尽可能将空间进行最大化使用。设计师将一处10平方米的房间改造为20平方米的使用面积。院落改造完成后，项目邀请居民们来试住体验，得到了一致的赞美和肯定。

　　在胡同里，社区也设计出了一块公共空间，叫会客厅，为了方便住在周边的原住民们聚会聊天。虽然会客厅不大，但是非常温馨，很多老人都会在闲暇时间到这里聊聊家常，一起择菜，或者看看老电影，让人们回忆起几十年前胡同里的老时光。

　　除了这些改造，还有很多设计师参与到白塔寺周边院落的改造中来，有些四合院被改成民宿，有些成为咖啡馆，大都在融入现代设施的同时，也非常好地保护了院落之前的框架和氛围。

后记

在本书的写作过程中，我希望可以尽自己最大的力量，在有限的篇幅之中去展现尽可能多的关于胡同的内容，从它的起源、形成到发展，汇集关于胡同的点点滴滴。然而，短短的胡同拼接在一起，图形却是无比广袤的，除了书中所提到的数百条胡同，还有更多的胡同在书本之外。

在书中，有无数条线索等待着对它感兴趣的人去寻觅和发现，以胡同的名字、序号为线索，往往就能揭开一段不为人知的历史。有很多王府、道观、寺院与教堂等胡同里的古建未能被纳入书中，比如敕建西四广济寺、西什库教堂、牛街礼拜寺、东大桥东岳庙、王府井教堂、协和医院等，它们都值得你为之专门前往；在城南旧宣武区、前门、芦草园胡同、珠市口一带有很多未被纳入书中的会馆，在东四和南锣鼓巷、西四、德胜门附近，有很多未被纳入的故居，虽然一些已然成为民宅大院，只余残垣断壁，或者被拆掉重建为一座崭新的建筑，或者不对外开放，但它们确实存在着或存在过。北京还有很多在地图上标注了名字但在书中没有被提及的胡同，即便没有名人轶事、没有深宅大院，那浓浓的胡同烟火气息，也会感染任何一个拜访者。

今日胡同，与城市一般，在不断地改变，但无论怎样变迁，它永远是北京人印迹里最朴素的人生，是对家国情怀的热爱，对京城一幕幕昔年的怀念，更是成年之后远行异乡，阅尽千帆后的默然无声，却依然梦见那写不尽的乡愁与望不断的故里炊烟。